하나님의 남자로 거듭나는 영혼의 식탁
큐티하는 남자
How to build a Life Changing

국제제자훈련원

▌ 국제제자훈련원은 건강한 교회를 꿈꾸는 목회의 동반자로서 제자 삼는 사역을 중심으로
성경적 목회 모델을 제시함으로 세계 교회를 섬기는 전문 사역 기관입니다.

큐티하는 남자

초판1쇄 발행일 2010년 3월 15일 · **초판3쇄 발행일** 2010년 6월 30일
지은이 이의수
펴낸이 김명호 · **펴낸곳** 도서출판 국제제자훈련원
기획책임 박주성 · **편집책임** 장병주
디자인책임 고경원 · **디자인** 염혜란 · **마케팅책임** 김석주

등록번호 제22-1240호(1997년 12월 5일)
주소 (137-865) 서울시 서초구 서초1동 1443-26
e-mail dmipress@sarang.org · **홈페이지** discipleN.com
전화 (02)3489-4300 · **팩스** (02)3489-4309

ISBN 978-89-5731-466-1 03230   책값은 뒤표지에 있습니다.

하나님의 남자로 거듭나는 영혼의 식탁

큐티하는 남자
How to build a Life Changing

이의수

국제제자훈련원

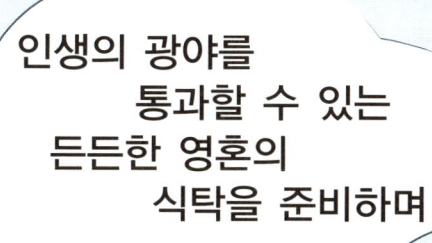

인생의 광야를
　　통과할 수 있는
　든든한 영혼의
　　　식탁을 준비하며

한국에서 중년 남자로 사는 것만큼 힘든 일이 있을까? 혹독하고 치열한 이 시대에 크리스천 남성으로 살기 위해 힘쓰고 있다면 어느 누구도 예외 없이 박수와 격려를 받아 마땅하다. 예수님께서도 우리를 힘주어 안으시며 "수고했다! 장하다!"라고 위로와 격려의 메시지를 주실 것이다. 우리 남성들은 하루하루 힘들지 않은 적이 없지만 그래도 행복한 오늘과 미래를 위해 최선을 다해 왔다. 어렵고 힘든 가운데서도 소망을 가질 수 있는 이유는 성경 속의 하나님은 남성들에 대한 축복을 한번도 포기한 적이 없기 때문이다. 성경에는 남자들을 사랑하시는 하나님의 위로와 축복과 소망이 가득하다.

그러나 남성들이 마주해야 할 현실은 냉혹하기만 하다. 현대경제연구원의 보고에 따르면 2010년부터 향후 9년간 712만여 명의 베이비붐 세대가 은퇴하게 된다고 한다. 남자들의 위기와 불안은 여기서 끝나지 않는다. 자녀교육에 모든 힘을 기울이다 보니 저축한 것은 없고 고작 살고 있는 집이 전부다. 하루가 멀다하고 들려오는 40대 돌연사의 충격을 뒤로하고 힘겹게 돈을 벌지만 밑 빠진 독에 물을 붓는 것처럼 금새 빠져나가고 만다. 노후 대책은 한낱 보랏빛 환상에 불과하다. '새 꿈'을 갖기엔 너무나 늦은데 반해 살 날은 길고 긴 세대가 중년이다. 지금까지 한번도 내가 원하는 대로 살아오지 못했다는 생각에 회한이 밀물처럼 밀려든다. 경제적 안정을 위해 있는 힘껏 노력해 왔지만 늘 부족한 살림 때문에 걱정해야 하고, 대책 없는 노후에 대한 부담으로 잠 못 이룬다. 더불어 예전과는 다른 건강과 시간이 흐를수록 약해지는 자신감도 한몫하여 새로운 변화에 대한 요구 앞에서 무력해질 수밖에 없다. 가정과 사회적인 원인으로 남성우울증이 생겨나고, 남성우울증 환자들의 이유없는 분노가 가정과 사회를 힘들게 만들어 간다. 남자들이 힘난한 이 세대를 본받지 않고(롬 12:2) 이 세대를 극복하며 살아가기 위해서는 하나님의 말씀을 가슴에 담고 마음을 지키는 것 외에는(잠 4:23) 다른 방법이 없다.

　어린 시절 아침 밥상머리에 앉으면 아버지께서 하시던 말씀이 기억난다. "밥, 잘 먹어. 밥이 보약이야!" 나이가 들수록 그 밥의 힘을 절실히 느끼게 된다. 예나 지금이나 어른들은 밥힘으로 산다고 말한다. 물론 영혼의 밥도 예외일 수 없다. 영혼의 양식을 잘 먹지 못한 남자는 힘난한 광야 길을 건널 수 없다. 매일 하나님과 마주앉아 대화하며 내 인생을 감당할 만한 말씀의 양식을 잘 먹어야 한다. 이스라엘 백성들이 하늘에서 공급된 만나와 메추라기를 공급받으며 거친 광야를 통과했던 것처럼, 인생의 광야를 지나는 남성들 또한 매일 매일 든든한 영혼의 식탁이 필요하다. 어느 교회 성경대학에서 한 성도가 "목사님! 이스라엘 백성들이 가나안에 도착하기까지 왜 그렇게 많은 세월이 걸렸습니까?"라고 질문하자 옆에 앉아 있던 할머니가 이렇게 대답했다고 한다. "모세가 남자라서 그래! 우리 집 영감도 그런데 남자들은 자존심이 강해서 길을 몰라도 다른 사람에게 묻질 않거든."

이집트에서 가나안까지의 최단거리는 약 300km라고 한다. 따라서 이스라엘 백성들 가운데 노약자와 어린이, 부녀자들을 감안하여 하루 보행거리를 20~25km라고 할 때, 넉넉잡아 2주 정도면 가나안에 도착할 수 있다. 그리고 추정되는 출애굽 경로를 따라간다고 해도 약 1200km가 되기 때문에 다른 변수만 없다면 약 60일 정도면 도착할 것으로 추정할 수 있다. 그러나 이스라엘 백성들은 40년이나 되는 시간을 광야에 머물렀다.

하나님은 40년이라는 시간을 통해 이스라엘 백성들에게 인내와 의탁, 순종의 법을 가르치시며 하나님이 베푸시는 은혜의 소중함을 깨우치셨다. 광야학교를 거치면서 경험한 배고픔의 시험과 목마름의 시험은 일상의 삶에 대한 시험이자 남자들이 일상 속에서 겪고 있는 인생문제이기도 하다. 문제없는 인생이 없고 부족함 없는 인생도 없다. 인생은 모두 "조금만 더"라는 구호를 외치며 맹목적으로 달려가는 듯하다. 남자들은 광야와 같은 인생의 한 복판에서 순종의 시험과 목마름과 배고픔의 시험을 경험하고 살아간다. 우리가 우리 뜻대로 벗어날 수 있는 광야가 아니라면 우리는 광야를 건너는 법을 배워야 한다. 우리가 매일 아침 일어나 샤워를 하고 거울을 보듯이 날마다 하나님 앞에서 무릎을 꿇고 스스로에게 던져야 할 질문들이 있다. 곧 나의 삶의 방향들을 묻는 질문들이다. 그리고 이에 대한 해답을 다른 곳이 아닌 바로 성경 속에서 찾아야 한다. 그럴 때 우리의 광야생활이 돌고 돌아가는 길이 아니라 제대로 바로 가는 길이 될 것이다.

이렇게 남자의 삶을 이야기하다 보면 우리에게 등대 역할을 감당할 남성상의 필요를 절감하곤 한다. 참된 남성상은 어디에 있는가? 시대와 상황을 뛰어넘어 모델로 삼을 수 있는 남성상은 없는 것일까? 남성상에 대한 많은 질문들에 대한 답변은 성경 안에 있다. 성경 속의 남성들이 안고 있던 갈등과 좌절은 무엇이었는지, 그에 비추어 이 시대를 살아가는 남성들의 갈등과 좌절, 고민은 무엇인지, 그리고 이를 통해 크리스천 남성들이 이 시대에 어떤 모습으로 살아가는 것이 합당한가를 살펴보자. 성경은 이 시대의 남성들에게 어떤 삶의 좌표를 제시하는지도 생각해 볼 예정이다. 페이지를 넘길 때마다 그 속에 담긴 말씀과 묵상을 마음에 담으면서 하나님의 형상을 따라 창조하신 남성의 모습이 회복될 수 있으면 좋겠다. 디모데전서 2장 8절의 "그러므로 각처에서 남자들이 분노와 다툼이 없이 거룩한 손을 들어 기도하기를 원하노라"는 말씀대로 거룩한 남자들이 세워지기를 기대한다.

남자들이여!
매일 하나님과 함께 시작하자.
말씀은 모든 인생의 출발점이다.

남자들이여!
매일 말씀을 붙들자.
살아계신 하나님의 말씀은
당신의 인생 네비게이션이다.

남자들이여!
매일 말씀을 붙잡고 기도하자.
그대의 기도가 날마다 인생을 새롭게 하는 은혜의 통로이다.
인생이 막막하고 힘겨울 때
기도는 당신 인생을 위한 가장 탁월한 대안이다.

남자들이여!
모든 사람들과 행복을 일궈가자.
그대의 밝은 미소와 감사의 능력은
나를 소망 가운데 머물게 하며
모든 사람들에게 진정한 행복을 채워 주리라.

경건한 남자들로 인해 행복한 세상을 꿈꾸는 이의수 목사

CONTENTS

• 서문 | 인생의 광야를 통과할 수 있는 든든한 영혼의 식탁을 준비하며 • 5

PART 1 내 영혼을 살찌우는 밥 한 그릇

1. 남자의 자화상
   - 이 땅에서 천국을 사는 남자들 • 17
   - 막다른 골목에서 만난 하나님 • 21
   - 과거도 행복한 남자 • 24

2. 남자들의 건강 나이 지키기
   - 중년의 몸은 내일을 향한 출발점 • 29
   - 아직도 술 마십니까? • 33
   - 인생 허약체질에서 벗어나는 길 • 37

3. 남자들이 버려야 할 것들
   - 내 인생의 산헤립 • 43
   - 이전 삶과의 거룩한 이별 • 47
   - 영적 건강을 해치는 지나친 자신감 • 51

4. 영적으로 단단해지기
   - 마음을 감추고 사는 남자들 • 57
   - 마음을 즐겁게 하는 영적 습관 • 61
   - 남자들의 인생 설계도 • 64

PART 2 행복한 가정을 키우는 국 한 그릇

5. 나도 인정받는 남편이고 싶다	좋은 남편으로 사는 비결 •71 위대한 축복의 통로 •75 아내에게 투자하라 •78 나를 완전하게 하는 아내 •82
6. 자녀들의 마음을 얻는 행복한 아버지	꿈을 가진 아버지 •87 자녀들의 자존감 높이기 •92 영혼의 나침반이 되라 •96 아버지의 눈물 •101
7. 화목한 가정을 지키는 비결	가정의 행복 온도계 •107 가족을 향한 축복기도 •111 믿음의 유산, 가정예배 •115 통(通)하는 가정 •119
8. 하나님이 세우시는 우리 집 살림살이	진짜 부자로 사는 것 •123 부자병에서 벗어나라 •127 정결하게 살아가려면 •132 경제교육, 가정에서 시작합시다 •137

PART 3 성공병을 씻어 날리는 차가운 물 한 컵

9. 생존경쟁 링에서의 한판
   - 하나님 곁에 붙어 있는 남자 • 145
   - 어찌하여 두려워하느냐 • 149
   - 빛과 소금 같은 남자 • 153

10. 스트레스의 올무에서 벗어나는 법
    - 일보다 중요한 건 쉼이다 • 157
    - 염려도 습관이다 • 161
    - 수고하고 무거운 짐 진 남자들 • 166

11. 관계 형성의 노하우
    - 인생의 매듭 풀기 • 171
    - 남자들의 인생법칙 • 174
    - 축복하며 사는 남자 • 178
    - 다른 이의 약점도 섬기라 • 182

12. 진정한 성공의 의미
    - 하나님을 바라보는 눈을 가지라 • 187
    - 허탈하지 않은 성공 • 191
    - 하나님의 인생경영 • 194

PART 4 내 믿음을 다지는 맛있는 반찬들

13. 교회에서 본이 되는 남자
    - 함께 설 사람들 • 201
    - 하나님을 사랑하는 자의 인생 매뉴얼 • 205
    - 남자들의 영적 명함 • 209

14. 나눔의 삶, 기쁨의 삶
    - 성실한 봉사의 위력 • 215
    - 장수의 비결 • 219
    - 나의 인생 나누기 • 224

15. 하나님 중심으로 살다
    - 하나님과 동행하는 삶 • 229
    - 나를 자유케 하는 70% 행복 • 233
    - 주기도문대로 사는 삶 • 238

16. 하나님이 주신 내 안의 소명
    - 소명 충전지 • 243
    - 남자들의 선택 • 247
    - 이 시대의 나실인 • 250

PART 5 미래의 꿈을 이야기하는 차 한 잔

17. 내 인생의 비전 세우기
   - 하나님께서 인도하시는 방정식 •257
   - 광야와 사막에서 갖는 소망 •263
   - 욕망의 그네에서 내려오라 •266

18. 세상을 살아가는 기준
   - 완전한 하나님의 남자 •271
   - 보이고자 하는 사람, 보고 사는 사람 •276
   - 보배로운 약속 •280

19. 퇴직 후 시작되는 인생 후반전
   - 일상 속의 다운시프트 •285
   - 인생 재발견 •289
   - 내 삶을 리모델링하라 •294

20. 노후를 준비하는 지혜
   - 휘파람을 부는 습관 •299
   - 내 인생의 MRI •304
   - 죽음에 대한 묵상 •308

목차 13

PART 1
내 영혼을 살찌우는 밥 한 그릇

남자들이여, 영웅을 만들어 내는 위기를 알고 있는가? 되돌아갈 수 없는 삶의 위기는 인간이 자신의 수단을 통해 꿈을 이루고자 할 때 마주치는 일들이다. 우리의 꿈과 거룩한 야망은 하나님의 은혜를 통해 이뤄진다는 것을 잊지 말라.

하나님 아버지, 저의 존재가 무엇인지 항상 고민하게 됩니다.
그리고 세상 가운데서 점점 작아지는 저의 모습에 가슴이 아픕니다.
주님, 제 안의 겨자씨가 나무가 될 수 있게 도와주옵소서.
세상을 변화시키고 움직이는 누룩이 되어
하나님의 보화를 얻는 자가 되길 원합니다.
예수 그리스도의 이름으로 기도드립니다. 아멘.

1. 남자의 자화상

이 땅에서
천국을 사는 남자들

"또 비유를 들어 이르시되 천국은 마치 사람이 자기 밭에 갖다 심은 겨자씨 한 알 같으니 이는 모든 씨보다 작은 것이로되 자란 후에는 풀보다 커서 나무가 되매 공중의 새들이 와서 그 가지에 깃들이느니라 또 비유로 말씀하시되 천국은 마치 여자가 가루 서 말 속에 갖다 넣어 전부 부풀게 한 누룩과 같으니라…천국은 마치 밭에 감추인 보화와 같으니 사람이 이를 발견한 후 숨겨 두고 기뻐하며 돌아가서 자기의 소유를 다 팔아 그 밭을 사느니라 또 천국은 마치 좋은 진주를 구하는 장사와 같으니 극히 값진 진주 하나를 발견하매 가서 자기의 소유를 다 팔아 그 진주를 사느니라"(마 13:31-33, 44-46).

거울 앞에 선 남자는 본인의 얼굴 속에서 두 가지 모습과 마주한다.

하나는 세상에서 가장 위대해 보이는 남자다. 하나님의 사랑과 감사의 눈으로 나를 볼 때에는 나를 통해 이루실 하나님의 계획을 바라보게 되고, 세상에서 위대한 꿈을 꾸는 멋진 나의 모습을 보게 된다. 다른 하나는 세상에서 가장 초라하고 무능력한 남자의 모습이다. 자신의 연약함과 부족한 능력을 다른 사람과 비교하며 자신을 볼 때에는 세상에서 가장 초라한 사람 중 한 사람을 만나게 된다. 마태복음 13장은 하나님과 나 자신을 어떻게 바라보아야 할지 알려 준다.

이 땅에서 천국을 경험하며 사는 남자들을 살펴보면 첫째로, 작은 겨자씨에 비유할 수 있다. 겨자씨는 본래 크기가 1-2밀리미터밖에 안 되는 보잘것없는 작은 크기다. 하지만 1-2미터의 나무로 성장하면 새들이 와서 깃들인다. 예수님이 사시던 당시에도 예수님은 겨자씨와 같은 존재였다. 겨자씨와 같은 예수 그리스도가 세상을 변화시키는 중심이 될 것이라는 생각은 아무도 하지 못했다. 우리도 세상에서 겨자씨와 같은 존재다. 아주 작고 미약한 존재지만 헤아릴 수 없는 축복과 열매를 품고 있다. 성장한 겨자씨 나무에는 셀 수 없이 많은 겨자씨 열매가 맺기 때문이다. 현재 겨자씨 같은 자신을 보며 절망하지 않고, 미래에 주실 축복을 바라보며 소망을 이뤄가는 삶의 자세가 이 시대에 천국 백성으로 살아가는 진정한 남자의 모습이다.

둘째로, 이 땅에서 천국을 살아가는 남자들은 누룩처럼 세상 가운데 영향력을 미치는 삶을 살아야 한다. 세상이 우리를 지배하고 세상의 논리에 우리의 믿음이 설득당하는 삶을 살아서는 안 된다. 세상이 우리 믿음의 남자들로 인해 바뀌어져야 한다. 우리는 스스로 자문해 보아야 한다. '나는 나의 가정과 직장에서 어떤 변화를 이끌고 있는가?' '우리의 존재 자체로 영향력을 미치고 있는가?'

셋째로, 이 땅에서 천국을 살아가는 남자들은 밭에 감추인 보화를 발견한 자의 삶을 살아야 한다. 인생의 가장 소중한 것이 무엇인지를 발견하고 그 발견한 보화를 얻기 위해 자신의 모든 소유를 판 사람처럼 인생의 우선순위가 명확해야 한다. 예수님은 천국이 죽은 다음에 경험하는 것이 아니라 이 땅에서부터 누릴 수 있다고 말씀하셨다.

남자들이여, 우리는 자신에 대해 항상 많은 질문을 던진다.

"나는 누구인가?"

"나는 무엇을 위해 사는가?"

"내 운명은 무엇인가?"

이제는 스스로에게 이렇게 말해 보자.

"나는 무한한 축복의 열매들을 품고 사는 보잘 것 없는 겨자씨이고, 하나님께서 세상을 변화시키기 위해 사용하실 누룩이며, 이 세상에서 가장 귀한 보화를 가진 자다!"

 ## 남자들만의 싱크 토크

1. 내 안에 있는 겨자씨와 누룩과 숨겨진 보화가 있음을 믿는가? 비록 지금은 작고 하찮아 보일지라도 언젠가 이 세상을 변화시킬 힘이 내재되어 있다고 믿는가?

2. 거울로 나의 모습을 바라보자. 어떤 모습부터 떠오르는가? 세상 속에서 허우적대는 안쓰럽고 초라한 모습인가? 아니면, 하나님께 의지하며 소망을 품고 살아가는 모습인가?

남자의 기도

하나님 아버지, 저의 존재가 무엇인지 항상 고민하게 됩니다. 그리고 세상 가운데서 점점 작아지는 저의 모습에 가슴이 아픕니다. 주님, 제 안의 겨자씨가 나무가 될 수 있게 도와주옵소서. 세상을 변화시키고 움직이는 누룩이 되어 하나님의 보화를 얻는 자가 되길 원합니다. 예수 그리스도의 이름으로 기도드립니다. 아멘.

1. 남자의 자화상

막다른 골목에서 만난 하나님

"…야곱은 홀로 남았더니 어떤 사람이 날이 새도록 야곱과 씨름하다가 자기가 야곱을 이기지 못함을 보고 그가 야곱의 허벅지 관절을 치매 야곱의 허벅지 관절이 그 사람과 씨름할 때에 어긋났더라…"(창 32:1-32).

창세기 32장은 현대 남자들의 자화상을 보여 주는 듯하다. 성공하기 위해, 자신의 뜻을 이루기 위해 안 해본 일이 없다고 말할 수 있는 야곱의 이야기가 담겨 있다. 자신의 삶에 찾아오는 다양한 문제들 앞에서 그는 몹시 두려워했고 불안에 짓눌렸다. 그리고 그런 문제들을 인간적인 방법으로 풀려고 애썼다. 하나님이 함께하심에 대한 망각은 야곱으로 하여금 두려움의 지배를 받게 만든다(7절). 그러다가 마침내 하나님의 도움을 간구한다(10-11절).

남자들은 피할 수 없는 삶의 문제에 직면할 때가 많다. 남자들도 야곱처럼 두려워하고, 자신이 할 수 있는 모든 방법들을 동원하여 대비책을 세운다. 그러나 우리가 위기를 만날 때마다 우리를 구원하는 것은 인간적인 노력이 아닌 하나님의 은혜임을 기억해야 한다(창 32:26).

하나님 앞에서 몸부림치며 하나님께 온전히 위탁하고 나서야 야곱은 비로소 그가 평생 가져야 할 정체성을 발견하게 된다. 하나님께서 야곱을 이스라엘로 부르겠다고 하신 것이다. 즉, 이제 야곱은 옛날의 야곱이 아닌 하나님이 인정하시는 이스라엘로 거듭난 것이다.

하나님은 야곱의 힘줄을 치심으로 인간적인 수단에 의지하려했던 불신앙을 잊지 않게 하셨다. 하나님은 야곱의 힘줄을 상하게 하심으로써 야곱의 영혼을 고치셨다. 남자들은 자신의 뜻대로 다 해보고, 또 실패를 경험하고 나서야 하나님께 두 손 들고 나온다.

남자들이여, 영웅을 만들어 내는 위기를 알고 있는가? 되돌아갈 수 없는 삶의 위기는 인간이 자신의 수단을 통해 꿈을 이루고자 할 때 마주치는 일들이다. 우리의 꿈과 거룩한 야망은 하나님의 은혜를 통해 이뤄진다는 것을 잊지 말라. 인생의 막다른 골목에 다다라서야 하나님을 찾는 것에 익숙해져 있는가? 그렇다면 이제부터는 무슨 일이든 처음 시작하는 그 순간부터 하나님의 음성 듣기를 힘쓰고, 하나님의 말씀을 따라 남은 인생을 펼쳐보자.

 **남자들만의 싱크 토크**

1. 위기 앞에서 나는 어떠한가? 나를 의지하고 세상을 의지하는가? 아니면 하나님부터 찾고 그분 앞에 엎드리는가?

2. 하나님께서는 왜 나를 그분의 자녀로 부르셨을까? 하나님의 품에 온전히 안겨 그분의 뜻을 헤아려 본 적이 있는가?

남자의 기도

하나님 아버지, 저는 세상 속에서 야곱처럼 인간적인 방법들로 살았던 적이 많았습니다. 그러나 이제는 하나님이 저를 이 땅에 부르신 이유를 생각하고 하나님이 주신 정체성으로 살아가게 하옵소서. 예수 그리스도의 이름으로 기도드립니다. 아멘.

1. 남자의 자화상

과거도 행복한 남자

"…곧 그들이 여호와의 명령을 따라 진을 치며 여호와의 명령을 따라 행진하고 또 모세를 통하여 이르신 여호와의 명령을 따라 여호와의 직임을 지켰더라…"(민 9:15-23).

중년 남성이라면 아침 운동을 위해 산에 오르거나 산책을 할 때, 또는 차 한 잔 마시며 성경을 묵상할 때 자신의 인생을 되돌아보는 시간들을 갖게 된다. 그럴 때마다 즐거운 기억으로 미소 짓기도 하지만, 힘들고 어려웠던 기억들이 갑자기 밀려오면 우울한 마음에 벌떡 그 자리를 털고 일어나기도 한다. 지나온 시간은 감사와 감격과 흥분도 있지만 절망과 실패와 후회도 담겨져 있기 때문이다. 이런 복합적인 사건들과 감정들이 하나가 되어 이뤄진 것이 과거다.

나의 과거를 되돌아보면 가장 먼저 떠오르는 것이 무엇인가? 사도 바울은 "내가 나 된 것은 하나님의 은혜로 된 것이니"(고전 15:10)라고 말한다. 민수기의 이스라엘 백성들도 가나안 정복 여정을 앞두고 지나온 광야의 시간들을 회상하고 있다. 하나님께서는 낮에는 구름기둥으로 타오르는 듯한 뜨거운 햇볕으로부터 보호해 주시고, 밤에는 불기둥으로 밤의 추위와 어둠과 두려움으로부터 백성들을 지켜주셨다. 광야에서 구름기둥과 불기둥을 통해 경험한 하나님의 보호하심과 임재하심은 가나안 정복을 앞둔 이스라엘 백성들에게는 위로와 확신을 주는 능력이었다. 행복한 과거는 미래를 이뤄가는 소망의 능력이 된다.

남자들은 과거를 이야기할 때 군대 이야기를 빼놓지 않는다. 군대에서 축구한 이야기, 얼차례 받은 이야기 등 고생하고 힘들었던 시절을 떠올리는데, 그것을 극복한 강한 남자의 이미지를 만들고 싶어 하기 때문이다. 이것이 남자들의 본능이다. 남자들의 과거에 대한 이야기의 또 한 측면에는 분노가 있다. 마치 폭포를 거슬러 올라가야 하는 연어처럼 거친 세상을 헤쳐 나가다 보니 상처투성이인 자신의 과거가 스스로에게도 너무 아프다. 그래서 남자들은 과거를 이야기하다가 분노를 나타내기도 하며 아쉬움과 후회를 토로하기도 한다. '그때 조금만 더 노력했더라면'이라고 안타까워하는 일이 한두 가지가 아니다. 불안한 현실 앞에서 과거에 자신이 저지른 행동에 대해 아쉬워하고 후회하는 것이다. 이 모든 것들이 하나님 앞에서 해결해야 할 마음에 담긴 불덩어리들이다.

남자들의 인생이 과거를 생각해도 감사가 넘치는 인생이 되기 위해서는 어떻게 살아야 할까? 이스라엘 백성들의 회상에 감사와 감격이 넘쳤던 삶의 원리는 "여호와의 명령을 따라"(민 9:18, 23)였다. 내 능력대로, 내 생각대로, 내가 계획하고 원하는 방식대로가 아니라 여호와의 명령을 따라 순종하며 사는 것이었다. 내 안에 거하시는 하나님과 기도로 교제하며 말씀을 따라 순종하는 삶을 산다면 과거도, 현재도, 미래도 행복한 인생이 될 것이다.

남자들이여, 지나온 인생 속에 하나님과 함께했던 경험이 무엇인가? 내가 만들어가는 나의 과거가 하나님의 은혜로 나타나고 마음이 행복해지기를 소망하는가? 그렇다면 오늘부터 말씀을 묵상하자. 기도로 하나님과 교제하자. 나의 삶이 하나님의 명령을 따라 살아갈 때 내 삶의 모든 것들은 하나님의 인도하심이 된다. 내 인생을 나의 기준이 아니라 하나님의 기준으로 살아가자. 지금이 즐겁고 행복하다면, 그 시간은 바로 나의 행복한 과거가 된다.

 ## 남자들만의 싱크 토크

1. 나는 얼마나 하나님의 명령과 인도하심을 따라 살아왔는가? 하나님의 명령과 다르게 살았을 때 삶이 어떠했는가?

2. 나의 과거가 될 앞으로의 시간들을 어떻게 보낼 수 있을까? 말씀을 묵상하고, 그 말씀을 따르고, 감사가 넘칠 수 있기 위해 내가 할 수 있는 일들은 무엇일지 고민해 보자.

남자의 기도

하나님 아버지, 지금 이 순간은 다시 흘러가 버릴 저의 과거가 되는 시간입니다. 주님께 순종하지 못하고 제 뜻대로 살던 과거를 회개하고, 앞으로 만들어질 과거는 감사와 찬양으로 채워지게 하옵소서. 예수 그리스도의 이름으로 기도드립니다. 아멘.

하나님 아버지, 앞만 보고 달리며 일만 해오다가
제 몸이 녹슬고 고장 난 기계처럼 되어 버렸습니다.
하나님께서 주신 귀한 몸을 아끼고 사랑하게 하옵소서.
몸과 마음이 하나님이 주신 건강한 에너지로 충만하게 하옵소서.
예수 그리스도의 이름으로 기도드립니다. 아멘.

2. 남자들의 건강 나이 지키기

중년의 몸은
내일을 향한 출발점

"내 날이 연기같이 소멸하며 내 뼈가 숯같이 탔음이니이다 내가 음식 먹기도 잊었으므로 나의 마음이 풀같이 시들고 말라 버렸사오며 나의 탄식 소리로 말미암아 나의 살이 뼈에 붙었나이다 나는 광야의 올빼미 같고 황폐한 곳의 부엉이같이 되었사오며 내가 밤을 새우니 지붕 위의 외로운 참새 같으니이다"(시 102:3-7).

얼마 전부터 몸이 피곤하더니 이마에 작은 것들이 불거져 나왔다. 림프절이 부어올라 솟아오른 부분이 쑤시고 아파왔다. 별것 아닐 것이라는 생각에 그냥 꾹 참고 일을 했다. 불거진 곳이 거슬려 건드리다 보니 상처가 났고 아무 생각 없이 상처를 치료하는 연고만 열심히 발랐다. 나중에 통증이 심해져서 병원에 가보니 대상포진이란다. '여태껏 바쁘게 달려오기만 했는데, 이제 지쳐서 몸의 면역체계까지 무너졌구나. 몹쓸 바이러스가 내 몸에 들어와 괴롭힐 때까지 나는 무엇을 하고 있었나?' 하는 생각이 들었다.

집으로 돌아오는 길이 괜히 우울하고 허탈했다. 집에 들어서니 가족들이 달려들어 염려를 하면서 그동안 쉬지 않고 일하더니 그럴 줄 알았다는 듯이 다들 한마디씩 했다. 순간 나는 몸도 힘든데 왜 괴롭히느냐고 투정 아닌 투정을 부렸다. 그랬더니 막내딸이 "아빠, 아빠는 행복한 줄 아세요. 우리 모두가 지금 아빠를 걱정하고 있잖아요"라고 말했다. 그 말에 가족 모두가 큰소리로 웃고 말았다. '그래, 맞아. 가족 모두가 나를 걱정하고 있구나.'

마음은 시간에 대해 눈치가 없다. 시간이 얼마나 흘렀는지 알아채는 데 느리다. 그래서 마음은 항상 청춘이다. 하지만 몸은 언제나 청춘인 마음을 배반하기 일쑤다. 젊은 시절 쓰던 대로 몸을 쓰면 단박에 브레이크가 걸린다. 등산을 해도 뒤처지기 일쑤고 호흡이 쉬이 가빠진다. 술 취하는 데 걸리는 시간은 점점 짧아지고, 반대로 술 깨는 데 걸리는 시간은 점점 길어진다. 여자들은 폐경이라는 몸의 신호를 고지 받는다. 남자들에게는 여자들만큼 확실한 물증이 주어지지는 않지만, 남성호르몬의 감소를 느낀다. 갱년기의 신호탄인 남성호르몬의 감소는 뇌와 고환의 노화 현상에 따른 것이다. 과도한 음주와 흡연, 스트레스와 영양 상태 등이 남성호르몬에 많은 영향을 미치는 요인들이다. 이 같은 환경적인 요인 외에도 심혈관계 질환, 당뇨, 고지혈증 같은 만성질환 또한 남성호르몬에 중요한 영향을 끼친다.

몸이 기능적으로 퇴화하는 것은 당황스러운 일이다. 잠언에서도 말했다. "두렵건대 마지막에 이르러 네 몸, 네 육체가 쇠약할 때에 네가 한탄하여"(잠 5:11). 많은 남자들이 신체적으로 여러 변화가 일어나면서 자기 몸에 적응하지 못해 힘들어한다.

남자들의 갱년기 증상은 복부에서 시작된다고 해도 과언이 아니다.

복부에 지방이 쌓이기 시작하고, 근육은 점점 줄어든다. 기억력이나 집중력이 현저히 떨어지는 것보다 남성들을 더 곤혹스럽게 만드는 것은 바로 성기능 감퇴다. 성적 욕구의 감소, 성행위에 대한 자신감 결여 등의 증상이 나타난다.

과도한 스트레스로 불안이나 긴장을 느끼거나 만성 피로와 불면증에 시달리기도 하고, 심하면 정신병 증상을 보이는 경우도 있다. 알코올이나 약물, 도박, 게임 등에 심하게 의존하기도 한다. 차곡차곡 쌓인 스트레스가 신체 질환으로 나타나기도 한다. 궤양, 고혈압, 심근경색, 설사나 변비 등은 중년의 남자들에게 너무나 흔한 질병인데, 방심하고 주의를 기울이지 않아 치료시기를 놓치기도 한다. 남자들에게 있어서 몸을 건강하게 만드는 것은 나를 지키는 것을 넘어 가족을 지키는 것이다. 중년의 몸은 마음의 그릇이 된다. 건강한 몸은 밝은 미소를 만들고 내일을 향한 강렬한 의지의 출발점이 된다.

남자들이여, 자신의 몸을 건강하게 만들 수 있는 가장 적당한 방법을 찾았는가? 취미나 스포츠로 가라앉은 기분을 상쾌하게 변화시키고, 몸과 마음을 지배하고 있던 스트레스를 날려 보내자. 스트레스가 빠져나간 자리는 건강한 에너지와 활력으로 채워질 것이다. 또 연약한 가운데 있다면 연약함을 비관할 것이 아니라 오히려 하나님을 의지함으로 우리를 새롭게 하자. 그러면 더 큰 능력의 믿음을 경험할 수 있는 축복이(시 73:26) 우리를 기다릴 수 있다. 건강하든지 혹은 연약하든지 주를 의지하고 사는 자가 행복하고 건강한 인생을 산다.

 ## 남자들만의 싱크 토크

1. 요즘 나의 몸을 지치게 만드는 일은 무엇인가? 그 일로 인한 스트레스를 한번에 날릴 수 있는 방법은 무엇일까?

2. 나는 나의 몸의 건강을 위해 어떤 노력을 기울이고 있는가?

Prayer 남자의 기도

하나님 아버지, 앞만 보고 달리며 일만 해오다가 제 몸이 녹슬고 고장 난 기계처럼 되어 버렸습니다. 하나님께서 주신 귀한 몸을 아끼고 사랑하게 하옵소서. 몸과 마음이 하나님이 주신 건강한 에너지로 충만하게 하옵소서. 예수 그리스도의 이름으로 기도드립니다. 아멘.

2. 남자들의 건강 나이 지키기

아직도 술 마십니까?

"그리하여도 이들은 포도주로 말미암아 옆 걸음 치며 독주로 말미암아 비틀거리며 제사장과 선지자도 독주로 말미암아 옆 걸음 치며 포도주에 빠지며 독주로 말미암아 비틀거리며 환상을 잘못 풀며 재판할 때에 실수하나니 모든 상에는 토한 것, 더러운 것이 가득하고 깨끗한 곳이 없도다"(사 28:7-8).

술 먹지 않고 담배 안 피우는 사람을 찾으라면 대부분의 사람들은 예수 믿는 남성들을 떠올린다. 그런데 요즘 그리스도인들은 이 소중한 삶의 가치를 포기한 것 같다. 술 마시는 것을 이제는 암암리에 인정하고 넘어가는 분위기다. '먹고 살려고 노력하다 보면 술도 먹을 수 있지' 하는 매우 위험한 생각들이 점차 많아지는 것이다. 도대체 믿음의 경계선을 어디에 두고 살아야 하는 것일까?

술의 역사는 인류의 역사만큼이나 오래 되었다. 노아는 술에 취해 벌거벗은 채로 장막에 누워 있었고, 결과적으로는 가나안이 저주를 받았다(창 9:20-27). 선지자 이사야는 "밤이 깊도록 머물러 포도주에 취하는" 자들과(사 5:11), 포도주를 가져와 독주를 잔뜩 마시는 "목자들(왕들)"

(사 56:11-12)과 독주로 인하여 "비틀거리며", "옆 걸음 치는" 제사장과 예언자들(사 28:7)을 책망하였다. 선지자 하박국은 술을 즐기는 자를 가리켜 거짓되고 교만하며 자기의 욕심을 넓히고 사망 같아서 족한 줄을 모르는 자라고 하였다(합 2:5). 잠언은 무절제한 음주를 통렬히 책망한다. "포도주는 거만하게 하는 것이요 독주는 떠들게 하는 것이라"(잠 20:1) 하였고, "술과 기름을 좋아하는 자는 부하게 되지 못하느니라"(잠 21:17)고 하였다. 또한 "포도주는 붉고 잔에서 번쩍이며 순하게 내려가나니 너는 그것을 보지도 말지어다"(잠 23:31)라고 경고하였다.

나실인은 포도주, 독주 및 포도원에서 나는 어떠한 소출도 마시지 않았다(민 6:3). 하나님을 경외하고 사랑하는 경건생활에 술 자체는 죄가 아니라도, 술을 입에 대고, 술에 취하며, 중독 증세를 일으키는 것은 분명히 범죄행위가 된다.

성경에는 음주가 경건생활에 막대한 손상을 가져다준다는 것을 여러 면에서 보여 주고 있다. 우선, 술 취한 사람은 비틀거린다고 하였다(욥 12:25; 시 107:27). 자신의 몸을 가누지 못할 정도로 비틀거리는 것은 단정하게 살아야 할 신앙인의 몸가짐이 아니다. 잠언에서는 재앙, 근심, 분쟁, 원망, 까닭 없는 창상이 다 술 때문에 오는 것이라고 하면서, 이 술은 마침내 사람을 뱀같이 물고 독사같이 쏠 것이라고 했다(잠 23:29-32).

남자들이여, 다른 사람도 하니까 나도 해도 괜찮다고 생각하는 행동기준을 갖고 있는가? 믿음의 영웅들은 세상을 따라가지 않고 하나님이 기뻐하시는 것을 자신의 선택과 행동기준으로 삼았다. 술을 다스릴 수 있다거나 절제할 만한 능력이 있다는 교만한 생각을 버리자. 나의 연약함은 하나님의 은혜의 통로이지 술 마실 이유가 되지 못한다. 술 마실 수 있다는 생각을 버리자. 그리고 세상 가운데 술 안 마시고 제대로 사는 남자가 그리스도인이라는 것을 보여 주자. 나의 삶이 그리스도인의 상징이 되게 하자.

 ## 남자들만의 싱크 토크

1. 나는 술과 담배를 즐기는가? 언제부터 왜 이것에 빠지게 되었는지 생각해 보자. 또한 술과 담배가 나의 삶에 미치는 영향은 무엇인가?

2. 술과 담배를 끊겠다고 결심한 적이 있는가? 단순히 건강을 위해서가 아니라 자신의 삶 전체를 하나님께 맡기는 그리스도인으로서 술을 끊기 위해 어떤 노력을 시도하겠는가?

남자의 기도

하나님 아버지, 세상에서 외면당하지 않기 위해, 사람들과 어울리기 위해 술과 담배를 즐겼습니다. 그러나 이제 나의 연약함 때문에 술과 담배에 의지하지 않고 단정한 신앙인으로서 오로지 하나님만 의지할 수 있게 하옵소서. 예수 그리스도의 이름으로 기도드립니다. 아멘.

2. 남자들의 건강 나이 지키기

인생 허약체질에서 벗어나는 길

"밤중에 여호와께서 애굽 땅에서 모든 처음 난 것 곧 왕위에 앉은 바로의 장자로부터 옥에 갇힌 사람의 장자까지와 가축의 처음 난 것을 다 치시매 그 밤에 바로와 그 모든 신하와 모든 애굽 사람이 일어나고 애굽에 큰 부르짖음이 있었으니 이는 그 나라에 죽임을 당하지 아니한 집이 하나도 없었음이었더라 밤에 바로가 모세와 아론을 불러서 이르되 너희와 이스라엘 자손은 일어나 내 백성 가운데에서 떠나 너희의 말대로 가서 여호와를 섬기며 너희가 말한 대로 너희 양과 너희 소도 몰아가고 나를 위하여 축복하라 하며…"(출 12:29-36).

바로는 모든 것을 다 가진, 남부러울 것 없는 인생이었다. 그는 애굽이라는 엄청난 제국을 통치하면서 이스라엘 백성을 압제하고 출산을 저지하는 철권정치를 휘둘렀다. 어느 날 모세가 찾아와 광야에 나가 하나님께 제사 드릴 수 있도록 이스라엘 백성을 보내 달라고 하자 그는 모세를 조롱하며 더 큰 핍박을 가했다. 그러자 하나님께서는 사악하고 교만한 바로의 생각을 무릎 꿇게 하기 위해 온 집안과 땅이 파리로 가득 차게 하셨고, 바로는 "너희 하나님께 제사를 드리라"(출 8:25)고 말했다. 그런데 바로는 자신의 약속을 지키지 않고 이스라엘 백성을 보내지 않았다가 결국 애굽 땅의 모든 장자들이 죽는 열 번째 재앙까지 받게 되었다. 그제야 비로소 바로는 항복하고 이스라엘 백성을 해방시킨다.

바로 왕은 "너희의 말대로 가서 여호와를 섬기며 너희가 말한 대로 너희 양과 너희 소도 몰아가고 나를 위하여 축복하라"(출 12:31-32)고 말한다. 이 말을 통해 우리는 모든 것을 좌지우지했던 바로의 권력이 의미 없는 것이 되었음을 보게 된다.

이런 바로의 모습 속에서 우리 남자들의 모습을 발견한다. 권력 지향적으로 모든 것을 얻기 위해 물불 안 가리고 혼신의 힘을 다하다가 벽에 부딪히면 주저앉아 허탈해하는 남자들의 모습이 바로 왕의 모습과 다르지 않은 것이다. 자신의 권력을 지키기 위해 최선을 다하지만 결국 바로의 군대는 홍해 앞에서 수몰되고 바로의 존재는 성경 속에서 사라진다. 세상에서는 가장 권세 있고 유력한 존재가 하나님 앞에서는 가장 무기력하고 외로운 존재임을 보여 주는 모델이 되었다. 바로는 인생허약체질이었던 것이다

1977년에 미국의 최대 부호이자 석유 제왕이었던 하워드 휴즈가 세상을 떠났다. 하워드 휴즈는 20억 달러가 넘는 재산을 가지고 있었지만, 그는 죽기 직전까지 아주 고독한 생활을 했다고 한다. 재미있는 것은 세계에서 가장 부유한 사람이었던 그의 죽음의 원인이 어이없게도 영양실조였다는 사실이다. 정신적인 고독과 공허감을 달래려고 방탕한 생활을 한 그는 큰 병을 얻어 몸져누워 외롭게 생활했다. 그의 주위에는 그의 재산을 탐하고 노리는 자들만 득실거렸다. 그 결과 그는 아무도 믿지 못하고 홀로 단절된 생활을 하다가 음식도 제대로 먹지 못한 채 영양실조로 죽고 말았다.

우리 가정에는 다양한 모습의 고립이 존재한다. 고립은 우리 삶에 조용히, 그리고 천천히, 고통 없이 침입해 오는 바이러스와 같다. 그것의 무서운 영향력을 알게 될 때쯤이면, 이미 너무 늦게 된다. 스탠포드 대학의 심리학과 교수인 필립 짐바르도는 심리학 잡지인 〈사이컬러지 투데이 Psychology Today〉지에서 "나는 고립감보다 더 무서운 잠재적인 적을 알지 못한다. 당신이 나로부터, 그리고 우리가 그들로부터 고립되어 있다는 것보다 더 육체적, 정신적으로 건강에 파괴적인 영향을 미치는 것은 없다. 특히 고립감은 의기소침이나 편집증, 정신분열증, 강탈, 자살, 대량학살 등의 중요한 원인으로 판명되어져 왔다"고 밝혔다. 그는 덧붙여서 "우리 시대 마귀의 전략은 인간의 존재를 사소한 것으로 만들고, 서로 분리시키고 고립시키는 것인데, 그런 이유들은 시간이 없고, 일이 많이 쌓여 있거나 또는 경제적인 욕구들에 대한 혼란 때문이다"라고 말했다. 이렇듯 무엇인가를 끝없이 추구하지만 고독감에 몸부림치고 쉽사리 무너지는 남자들의 삶은 모두 허약체질인 것이다.

남자들이여, 그대는 많은 소유나 막강한 권력에 행복이 있다고 믿는 인생허약체질인가? 더불어 울고 웃고 기쁨을 나눌 수 있는 가족이 있을 때 우리는 행복을 발견한다. 재산은 없으면 불편하기도 하지만 그 자체가 결코 불행한 것은 아니다. '우리는 무엇을 얼마나 가졌는가?'에 초점을 맞추기보다 '나와 더불어 즐거움으로 함께할 사람들이 얼마나 있는가?' (잠 17:17), '나의 가족은 나와 함께하는 것을 즐거워하는가?' 를(전 9:9) 먼저 생각하자. 그래야 나의 몸과 마음이 건강해진다. 안락한 의자에 앉았어도 마음이 불편하다면 그 인생이 불편한 것임을 명심하자.

 남자들만의 싱크 토크

1. 우리는 바로처럼 자신이 가진 것을 지키기 위해 최선을 다한다. 하지만 그 결과는 어떠한가? 나에게 진정한 행복과 건강을 가져다주었는가?

2. 허약체질 인생인 나의 인생이 더불어 함께할 사람이 많은 행복체질로 변화되기 위해서 내가 노력해야 될 것은 무엇인가? 3가지만 찾아보자.

   하나님과 나 :

   가족들과 나 :

   주변사람들과 나 :

남자의 기도

하나님 아버지, 이 세상 권세를 다 갖는다 해도 그것은 언제든지 하나님께서 걷어 가실 수 있는 허무한 것임을 깨닫게 하옵소서. 내 것을 지키기 위해 외로움과 고립감으로 병든 인생을 살지 않게 하옵소서. 허약체질의 인생이 주님 말씀으로 건강체질로 바뀔 수 있게 도와주옵소서. 예수 그리스도의 이름으로 기도드립니다. 아멘.

하나님 아버지,
세상에는 나를 향해 으르렁거리는 유혹과 협박들이 참 많습니다.
그래서 믿음을 유지하고 살기가 힘겹게 느껴질 때도 있습니다.
주님, 믿음의 반석 위에 굳게 서서 결코 흔들리지 않도록
주님께서 강하게 붙들어 주옵소서.
예수 그리스도의 이름으로 기도드립니다. 아멘.

3. 남자들이 버려야 할 것들

내 인생의 산헤립

"그러므로 여호와께서 앗수르 왕에 대하여 이같이 이르시되 그가 이 성에 이르지 못하며 화살 하나도 이리로 쏘지 못하며 방패를 가지고 성에 가까이 오지도 못하며 흉벽을 쌓고 치지도 못할 것이요 그가 오던 길 곧 그 길로 돌아가고 이 성에 이르지 못하리라 나 여호와의 말이니라 대저 내가 나를 위하며 내 종 다윗을 위하여 이 성을 보호하며 구원하리라 하셨나이다 하니라"(사 37:33-35).

휴대폰은 오늘날 거의 모든 사람들에게 '완소' 제품이 되었다 해도 과언이 아니다. 만나고 싶은 사람을 만날 수 없을 때 생생한 목소리를 날라다 주고, 상대방에게 어렵고 힘든 마음을 토로할 수 있는 중요한 소통의 역할을 감당해 준다. 그런데 가끔씩 날아오는 스팸문자 등은 반갑지 않다. 차단을 해도 발신번호만 바뀌어서 다시금 휴대폰을 습격해 온다. 남자들의 인생에도 원하지 않는 스팸문자처럼 되돌려 보내고 싶은 것들이 있다. 그것은 위험한 유혹과 욕심에 가득 찬 공격들이다.

히스기야는 앗수르 왕 산헤립의 침공을 받는다. 히스기야뿐 아니라 남자들은 인생을 뒤흔들어 놓는 침공을 자주 받는다. 누군가 나를 정복하고 나를 넘어뜨리려는 일들이 많은 것이다. 이러한 공격은 남자들의 인생에 풍랑을 만들어 놓는다. 앗수르 왕 산헤립은 예루살렘과 히스기야를 협박하고 여호와 하나님을 동시에 조롱한다. 첫 번째 조롱은 "네가 믿는 바 그 믿는 것이 무엇이냐"(사 36:4)로 시작된다. 여기에서 멈추지 않고 "…너희는 히스기야에게 미혹되지 말라…히스기야가 너희에게 여호와를 신뢰하게 하려는 것을 따르지 말라"(사 36:14-15)고 현혹함과 동시에, "너는 네가 신뢰하는 하나님이 예루살렘이 앗수르 왕의 손에 넘어가지 아니하리라 하는 말에 속지 말라"(사 37:10)는 협박까지 가세한다. 겉으로는 군대를 동원한 전쟁이었으나 실상은 하나님을 믿지 말라는 영적 유혹과 협박이었다.

하나님의 백성들은 위협과 불안이 지배하는 현실을 살아간다. 모든 것이 순탄하고 평안하도록 준비된 상황은 많지 않다. 이런 상황에서 이사야는 히스기야가 흔들리지 않도록 분명한 확신을 심어준다. 군대는 되돌아갈 것이고 안전하게 될 것이라는 말씀을 믿은 히스기야는 여호와의 전에 올라가 살아 계신 하나님을 훼방하는 모든 언행에 대해 기도한다(사 37:14-15). 결국 앗수르 왕 산헤립은 화살 하나도 쏘아보지 못하고 오던 길로 돌아갔다.

남자들의 인생에 찾아오는 많은 유혹과 공격에 자신의 인생을 내어주어서는 안 된다. 히스기야처럼 믿음에 굳게 서서 하나님께 도움을 구함으로 위협이 다가오지 못하게 해야 할 뿐만 아니라 오던 길로 되돌아가도록 만들어야 한다.

남자들이여, 오늘 나의 인생에 찾아 온 산헤립은 누구인가? 나의 인생을 흔들고 위협하는 것들은 무엇인가? 하나님을 버리고 세상의 힘을 의지하라고, 성공을 위해서는 하나님을 버리라고 강요하는 것들은 무엇인가? 잊지 말자. 세상이 우는 사자처럼 달려와도 믿음 위에 굳게 서 있으면 나를 무너뜨리기 위해 다가오는 모든 것들을 되돌려 보낼 수 있다. 믿음은 나를 지키는 가장 강력한 능력이요, 권세다.

 **남자들만의 싱크 토크**

1. 나의 믿음을 흔들리게 만들었던 영적 유혹과 압박들은 무엇인가?

2. 수많은 세상적인 유혹에 무너지지 않고 나의 믿음를 굳건하게 지키기 위해서 어떤 노력을 기울이고 있는가? 나의 믿음을 날마다 더 견고하게 만드는 나의 노력을 기록해 보자.

남자의 기도

하나님 아버지, 세상에는 나를 향해 으르렁거리는 유혹과 협박들이 참 많습니다. 그래서 믿음을 유지하고 살기가 힘겹게 느껴질 때도 있습니다. 주님, 믿음의 반석 위에 굳게 서서 결코 흔들리지 않도록 주님께서 강하게 붙어 주옵소서. 예수 그리스도의 이름으로 기도드립니다. 아멘.

3. 남자들이 버려야 할 것들

이전 삶과의 거룩한 이별

"…너희가 순종하는 자식처럼 전에 알지 못할 때에 따르던 너희 사욕을 본받지 말고 오직 너희를 부르신 거룩한 이처럼 너희도 모든 행실에 거룩한 자가 되라…"(벧전 1:13-25).

철모르던 청소년 시절, 남자들이라면 누구나 한 번쯤 부모에게 반항한 경험이 있고, 사고 쳐서 부모님 속을 상하게 했던 기억도 있을 것이다. 지나고 보면 부끄럽고 엉뚱하기 짝이 없는 일인데 그때는 왜 그렇게 일상에서의 이탈을 시도했는지 모르겠다. 이것이 대부분의 남자들이 떠올리는 어린 시절의 모습들이다.

그런데 안타까운 것은 "전에 알지 못할 때에 따르던"(벧전 1:14) 어린 시절의 어리석고 못된 습관이 적잖은 세월이 흐른 지금에도 여전히 남아 있다는 사실이다. 이러한 잘못된 습관들의 이면에는 "조상이 물려준 헛된 행실"(벧전 1:18)들에 그 뿌리가 있는 경우도 있다. 가문의 저주를 끊는 것은 우리가 예수 그리스도를 영접함으로 하나님의 자녀(요 1:12)인

새로운 피조물(고후 5:17)이 됨으로써 이미 끝난 일이다. 그러나 아직도 우리 안에 남아 있는 것이 있다면 조상이 물려준 헛된 행실의 습관들이다. 우리에게는 예수 그리스도를 영접하기 전에 따르던 습관들이 여전히 남아 있다. 신분은 바뀌었는데 아직도 습관을 떠나지 못하고 있는 것이다.

베드로에게는 매우 특별한 경험이 있었다. 그는 분명한 신앙고백과 결단에도 불구하고 세 번이나 주님을 부인한 쓰라린 상처의 소유자였다. 주님은 그런 베드로를 찾아와 주시고 치유해 주셨다. 이전과 다른 삶을 살 수 있도록 예수님께서 회복시켜 주신 것이다. 너무 선명한 경험 속에서 주님을 떠나 이전 습관처럼 살아간다면 얼마나 처참한 영혼이 될지를 뼈에 사무치도록 경험한 사람이 바로 베드로다. 그래서 베드로는 그리스도인 남자들이 자신과 같은 경험을 똑같이 반복하지 않기를 바라며 촉구하고 있는 것이다. 이전에 알지 못할 때에 가졌던 욕망을 따라 살지 말고(벧전 1:14), 행위대로 심판하시는 하나님을 기억하며 두려운 마음으로 지낼 것을 강조하면서(벧전 1:17), 모든 행실에 거룩한 자(벧전 1:15)가 되어야 한다고 권면한다. 거룩한 행실이란 어떤 상황 속에서도 예수 그리스도의 보배로운 피로 새롭게 된 남자들이 조상들이 물려준 헛된 행실을 버리고, 형제를 마음으로 뜨겁게 서로 사랑하며(벧전 1:22), 죄 된 행실을 좇아가는 어리석은 선택을 하지 않는 것이다.

이처럼 우리가 이전과 다른 삶을 살아야 할 이유에 대해 베드로는, 우리의 구원이 "은이나 금같이 없어질 것으로 된 것이 아니요 오직 흠 없고 점 없는 어린 양 같은 그리스도의 보배로운 피로 된 것"(벧전 1:18-

19)이기 때문이라고 말한다. 썩지 아니하고 살아 있고 항상 있는 하나님의 말씀으로(벧전 1:23) 거듭났기에 이전과 다른 삶을 살아야 한다고 강조하고 있는 것이다.

남자들이여, 예수님을 영접하기 전에 행했던 행실과 조상이 물려준 헛된 행실로부터 거룩한 이별을 가졌는가? 이전의 습관을 따라 나도 모르게 행하고 있는 헛된 행실은 무엇인가? 이제는 완전한 결별을 선언하자. 내 힘이 아닌 죽은 자 가운데서 나를 살리신 그리스도와 함께 거룩한 행실로 나아가자. 보배로운 피로 거듭났으니 보배로운 자의 삶을 살아가자.

 ## 남자들만의 싱크 토크

1. 나에게 되물림 되어 온 잘못된 습관은 없는가? 있다면, 아직도 이별하지 못한 옛날 습관들은 무엇인지 3가지만 구체적으로 적어 보라.

2. 이전 습관을 버리고 하나님의 자녀로서 거룩한 행실을 하며 이전과 다른 삶을 살 수 있겠는가? 그렇다면, 이전 삶과의 완전한 이별을 결심문으로 작성해 보라.

Prayer 남자의 기도

하나님 아버지, 예수를 영접하고 그리스도인이 되었음에도 불구하고 예전의 잘못된 습관을 여전히 행하고 있었던 저를 용서해 주옵소서. 더 이상 주님을 떠나 살지 않겠습니다. 저의 영혼을 회복시켜 주시고, 이전과 다른 삶을 살게 하옵소서. 예수 그리스도의 이름으로 기도드립니다. 아멘.

3. 남자들이 버려야 할 것들

영적 건강을 해치는
지나친 자신감

"모세가 장성한 후에 한번은 자기 형제들에게 나가서 그들이 고되게 노동하는 것을 보더니 어떤 애굽 사람이 한 히브리 사람 곧 자기 형제를 치는 것을 본지라 좌우를 살펴 사람이 없음을 보고 그 애굽 사람을 쳐 죽여 모래 속에 감추니라…"(출 2:11-15).

모세는 왕궁에서 자랐으며 바로의 손자로 대우받았다. 그는 태양사원 근처에 있었고 F. B. 마이어가 "고대 이집트의 옥스퍼드"라고 불리는 대학에서 교육받았다. 그러나 모세는 단지 학생의 신분에 불과한 것이 아닌 정치가요, 군인이었다.

39세 때, 모세는 권력과 특권과 교육과 부와 잠재력이 무궁무진한 출세를 위한 모든 것을 가졌다. 모세는 어느 누가 보더라도 성공한 사람이었다. 군사적 리더십과 바로 왕가의 일원이라는 사실을 볼 때, 그는 언젠가 제국의 통치자가 될 수도 있는 상황이었다. 모세에 관한 이야기는 현대인들이 공감하는 부분이다. 많은 현대인들이 피라미드의 정상에 오르기 위해 매일매일 자신의 삶을 바치고 있다. 그런데 모세는 피라미드를 통째로 소유할 수 있는 위치에 있었다. 그가 매우 값비싼 실수를 하기 전까지는 그랬다. 어느 날, 모세는 히브리 형제가 애굽인 감독에게 맞는 것을 보았고 그를 도와 감독을 죽였다. 한 번의 충동적인 행동 때문에 모세는 피라미드에서 떨어졌고 도망자가 되었다.

왜 모세는 스스로 나서서 히브리 노예를 보호하려 했는가? 초대교회 순교자 스데반은 모세가 유대인 형제를 보호하려 했을 때 그의 마음에서 일어난 일에 대해 특별한 통찰을 제시한다. 모세에게는 단지 힘없는 노예를 보호하는 것보다 더 큰 목적이 있었던 것이다.

"한 사람이 원통한 일 당함을 보고 보호하여 압제 받는 자를 위하여 원수를 갚아 애굽 사람을 쳐 죽이니라 그는 그의 형제들이 하나님께서 자기의 손을 통하여 구원해 주시는 것을 깨달으리라고 생각하였으나 그들이 깨닫지 못 하였더라"(행 7:24-25).

사도행전에서 보듯이 모세는 하나님에 의해 자신이 이스라엘의 구원자로 선택되었음을 알고 있었던 것이 분명하다. 그는 임무에 대해서는 옳았지만 그 방법과 시기에 있어서는 완전히 잘못했다. 그의 계산 착오 때문에 무슨 일이 일어났는지 보라.

"이튿날 이스라엘 사람끼리 싸울 때에 모세가 와서 화해시키려 하여 이르되 너희는 형제인데 어찌 서로 해치느냐 하니 그 동무를 해치는 사람이 모세를 밀어뜨려 이르되 누가 너를 관리와 재판장으로 우리 위에 세웠느냐 네가 어제는 애굽 사람을 죽임과 같이 또 나를 죽이려느냐 하니 모세가 이 말 때문에 도주하여 미디안 땅에서 나그네 되어"(행 7:26-29).

모세는 분명 대단한 자존감의 소유자였고, 대단한 자신감의 소유자였으며, 대단한 용기의 소유자였다. 모세는 제안자요, 선동자요, 훌륭한 리더였다. 모세는 자신을 믿었다. 그러나 그는 벽에 부딪혔다. 동일한 사건들을 기록한 출애굽기는 모세에 관한 또 다른 핵심을 자세히 기술한다.

"모세가 장성한 후에 한번은 자기 형제들에게 나가서 그들이 고되게 노동하는 것을 보더니 어떤 애굽 사람이 한 히브리 사람 곧 자기 형제를 치는 것을 본지라 좌우를 살펴 사람이 없음을 보고 그 애굽 사람을 쳐 죽여 모래 속에 감추니라"(출 2:11-12).

이곳에 나타난 치명적 오류에 주목하라. 모세가 자신의 히브리 형제를 도우려고 생각했을 때, 성경은 그가 "좌우를 살폈다"고 말했다. 즉 사람들이 있는지 없는지를 보기 위해 이쪽저쪽을 둘러보았지만, 결코 위를 올려다보지는 않았다.

건강한 자신감과 자존감도 있다. 그러나 영적 건강을 해치는 지나친 자신감과 자만감도 있음을 알아야 한다. 해로운 자신감의 일반적 특징은 기도하지 않는다는 것이다. 우리는 자신의 계획을 세우고 자신의 본능을 따르느라 너무 바쁘고 모든 것이 자신의 계획대로 되리라는 자신감에 들뜬 나머지 위를 보며 하나님께 기도하는 수고를 절대로 하지 않는다. 물론 이러한 태도 때문에 우리가 하나님을 대적한다고 말할 수는 없을 것이다. 단지 우리가 그분을 의지해야 한다는 사실을 깨닫지 못하는 것일 뿐이다. 우리는 하나님을 귀찮게 해드리지 않고도 자신이 모든 것을 할 수 있다고 생각한다. 그러나 예수님은 이렇게 말씀하셨다. "나는 포도나무요 너희는 가지라 그가 내 안에, 내가 그 안에 거하면 사람이 열매를 많이 맺나니 나를 떠나서는 너희가 아무것도 할 수 없음이라"(요 15:5). 과도한 자신감을 가진 사람은 실제로 마지막 문장을 믿지 않는다. 그는 이 말씀을 지적으로는 받아들일지 모르지만 경험적으로는 믿지 않는다.

모세는 분명 똑같은 실수를 범했으며, 그 때문에 그의 실패가 특히 더 비통했다는 점에는 의심의 여지가 없다. 그는 하나님이 이스라엘 자녀들의 해방을 책임지도록 힘과 권세의 자리에 자신을 두셨다는 것을 알고 있었다. 그 당시 모세와 같은 힘과 영향력이 있는 히브리인은 없었다. 모세는 바로 그런 자리에 있었다. 더 정확히 말하면, 모세는 그 자리에 익숙했다. 그러나 그의 황금 같은 기회와 그의 백성의 자유는 모세의 실수로 인해 물 건너가 버렸다.

남자들이여, 내가 할 수 있는 일이라고 지나친 자신감과 자만감으로 확신 있게 몰아붙이다가 벽에 부딪혀 본 경험이 있는가? 지나친 자신감의 소유자 모세는 지나친 자신감 때문에 중년의 위기를 제대로 경험했다. 잊지 말자. 우리에게 필요한 자신감은 하나님의 은혜가 나를 나답게 하시고, 하나님의 사랑이 나를 능력 있게 만드신다는 믿음에 대한 자신감이라는 것을.

 남자들만의 싱크 토크

1. 선택과 소신은 내 안에서 발견한 약간의 높은 확률일 뿐이라는 말이 있다. 애굽의 병사를 죽인 모세처럼 내가 소신 있게 선택하고 행동한 일들 가운데 훗날 하나님 앞에서 회개했던 적은 없었는가?

2. 남자들은 자기 확신을 뛰어넘어 자기과시의 병들이 있다. 스스로 생각했을 때 누가 보아도 인정할 만큼 탁월한 능력이나 은사가 있다면 그것은 무엇일까? 그 탁월함이 내게 주었던 이로움과 불리함을 나눠보자.

남자의 기도

하나님 아버지, 매일매일 주님의 뜻을 묻지 않고, 제 안의 확신과 자신감으로 삶을 살아왔습니다. 어떤 일이든지 인간적인 나의 소신이 아니라 하나님이 주신 소신과 자신감으로 결정하고 선택할 수 있게 하옵소서. 예수 그리스도의 이름으로 기도드립니다. 아멘.

하나님 아버지, 성경 속에 제 삶의 탄탄한 인생 설계도가 있었는데도,
그것을 외면한 채 살았습니다.
말씀대로 순종하며 사는 사람들이
진정으로 남자다운 것임을 기억하고 성경을 바탕으로
삶의 의지와 열망을 불태우며 살게 하옵소서.
예수 그리스도의 이름으로 기도드립니다. 아멘.

4. 영적으로 단단해지기

마음을 감추고 사는 남자들

"자기의 계획을 여호와께 깊이 숨기려 하는 자들은 화 있을진저 그들의 일을 어두운 데에서 행하며 이르기를 누가 우리를 보랴 누가 우리를 알랴 하니"(사 29:15).

어린 시절 부모님께 말하지 않고 비밀로 감추고 싶은 일이 있어도 여지없이 나의 어머니는 내 얼굴색과 행동을 통해 재빠르게 눈치 채셨다. 그러고는 "네가 말 안 해도 엄마는 다 알고 있어"라고 말씀하셨다. 그러면 나는 그 한마디에 당황하여 감추고 싶었던 일을 이내 다 털어놓았다. 친구들과 싸우거나 맘 상한 일 때문에 아무 말도 하고 싶지 않았던 그 순간에 나를 사랑하시는 어머니는 이미 자식의 감추어진 마음까지 다 읽고 계셨던 것이다.

부모님도 이러한데, 우리를 창조하신 하나님은 어떠시겠는가. 우리는 많은 것들을 숨길 수 있다고 생각하지만 우리를 살피시는 그분의 눈길은 피할 수 없다.

이사야 선지자는 "자기의 계획을 여호와께 깊이 숨기려 하는 자"에 대해 엄중한 경고의 말씀을 전한다. 하나님을 벗어날 수 있다는 교만한 발상이 하나님께 깊이 숨기려는 무모한 시도를 가능하게 만든다. 여호수아가 가나안 정복을 진행하던 무렵, 여리고 성을 함락시키고 취한 전리품을 아간이 숨긴 사건을 기억할 것이다. 그때 하나님은 크게 노여워하셨다(수 7:3). 아간이 숨겼던 것은 시날 산의 아름다운 외투 한 벌, 은 이백 세겔, 금덩이 한 개였다(수 7:21).`아이 성 전투의 패배가 아간의 죄 때문인 것으로 밝혀지자(수 7:6-15), 이에 대한 처벌로써 아간은 그가 숨겼던 은, 외투, 금덩이 외에 다른 모든 소유물과 자녀들과 함께 돌에 맞고 불살라졌으며 사람들은 그 위에 돌무더기를 쌓았다(수 7:24-26).

초대교회의 신자 삽비라의 남편 아나니아는 자신의 소유를 팔아 그 돈을 교회에 바쳤다(행 5:1-2). 하지만 이 과정에서 그는 돈의 일부를 감추고, 바친 것이 전액인 것처럼 속인 결과 베드로의 책망을 받았으며, 하나님을 속인 죄로 아내 삽비라와 함께 죽고 말았다. 아나니아의 죄목은 성령을 속인 죄였다.

손바닥으로 하늘을 가릴 수는 없다. 남자들은 하나님 앞에서도 자신의 마음을 감추려 든다. 기쁨, 우울, 사랑, 그리움 등 자신의 감정을 표현하는 일을 주저한다. 기도를 하면서도 마음속 깊은 것들을 하나님 앞에 잘 내려놓지 못하는 것이 남자들이다. 이것은 내가 할 일, 저것은 하나님께서 도와주셔야 할 일로 구분하려 든다. 하나님 앞에서는 감출 것이 없고 맡기지 못할 일이 없는데도 말이다. 참 믿음은 감추기보다는 드러내고, 내가 할 일을 생각하기보다는 하나님께 온전히 의뢰하는 것이다.

남자들이여, 마음을 감추고 사는가? 혹시 죄에 대한 마음도 감출 수 있다고 생각하는가? 그렇지 않다. 하나님은 우리의 깊은 것을 통달하시는 분이다(고전 2:10). 감추려 하여도 감출 수 없는 것이 우리의 계획이고 마음이라면 이제부터는 하나님께 감추지 말자. 오히려 더 적극적으로 마음을 열고 하나님이 우리 삶의 주인이 되게 하자. 내 힘으로, 내 계획으로 세상을 살기에는 너무 힘겹다. 하지만 마음을 감추지 않고 하나님께 기도하며 맡기고 사는 인생은 근심 속에 빠져 있을 필요가 없다.

 ## 남자들만의 싱크 토크

1. 내 안에 감추고 사는 비밀들은 무엇인가? 왜 그런 것들을 꺼내놓지 못하고 끌어안고 있는가? 자신의 치부를 드러내는 것들까지도 하나님께 다 털어놓아 보자.

2. 자신의 죄 된 모습까지 회개하고 꺼내 보았던 경험이 있다면, 함께 나눠 보자. 그때의 기분이 어떠한지, 진정 하나님이 내 삶의 주인이 되는 것이 어떠한 것인지 말해 보자.

남자의 기도

하나님 아버지, 저의 죄 된 생각과 행동들을 감출 수 있다고 생각했습니다. 제가 할 수 있는 일이 있고, 하나님이 봐주실 일이 있다고 생각하고 선을 그었습니다. 주님께 제 삶과 마음이 투명해질 수 있도록 인도하여 주옵소서. 예수님의 이름으로 기도드립니다. 아멘.

4. 영적으로 단단해지기

마음을 즐겁게 하는 영적 습관

"이르시되 너 학대 받은 처녀 딸 시돈아 네게 다시는 희락이 없으리니 일어나 깃딤으로 건너가라 거기에서도 네가 평안을 얻지 못하리라 하셨느니라"(사 23:12).

사람의 얼굴을 살펴보면 그 마음을 읽을 수 있다. 얼굴에는 그 인생의 이력서가 담겨 있기 때문이다. 부부의 얼굴을 서로 살펴보면 가정의 행복 이력서도 살펴볼 수 있다고 한다. 어떤 남자의 얼굴은 아무리 웃어도 웃음을 볼 수 없고, 어떤 남자의 얼굴은 언제나 밝은 얼굴과 미소를 가지고 있다. 무엇이 우리의 얼굴 모양과 미소를 이렇게 다르게 만들까?

우리는 어떤 일이 힘들 때 "힘들어 죽겠다"고 말한다. 웬만해선 남자들의 얼굴에서 웃는 표정을 찾기가 쉽지 않다. 아버지의 미소는 가정의 무지개와 같다는 말이 있다. 가정 안에서 특별히 찾아보기 어려운 것이 아버지의 미소다. 미소는 삶의 기쁨이 넘칠 때 가득 찬다.

우리는 어떤 순간에 삶의 기쁨이 사라질까? 성경은 삶의 기쁨이 없는 이유들에 대하여 "죄로 말미암아(수 7:25), 하나님을 의뢰하지 않으므로(시 21:1, 6), 하나님의 은혜와 풍성을 알지 못하므로(시 23:1), 하나님께로부터 오는 기쁨 외의 것을 기뻐하고자 하므로(전 2:26), 하나님의 심판으로 말미암아(사 23:12), 영적 진리를 발견치 못하므로(마 13:44), 과도한 세상 근심으로 인해(눅 8:14), 이웃을 용서하지 못함으로(엡 4:32), 자족하지 못하기 때문에(빌 4:11), 장래의 소망이 없기 때문에(벧전 1:6)"라고 말씀한다.

나에게 삶의 기쁨이 없는 이유를 앞에 제시한 것들 중에서 찾아본다면 어떤 것들일까? 기쁨 없는 삶의 모습들을 종합해 보면 하나님과 이웃과의 관계에서 실패한 것들이다. 마음과 생각에서 실패한 것들이 생활 전체에 영향을 미치는 것이다. 이사야서를 묵상하면서 너무 많은 죄악들과 심판에 대한 내용들이 나타난다. 그래도 간간히 회복에 대한 약속의 말씀들이 '소망 있는 인생이구나' 라는 생각으로 우리를 인도해 준다.

남자들이여, 혹시 개그 프로그램을 보아야 웃는가? 그렇다면 인생을 사는 진정한 즐거움이 없는 것이다. 마음의 즐거움을 샘솟게 하는 행복 샘터가 있는가? 마음에 즐거움을 일으키는 나의 영적 습관들은 무엇인가? 자신을 즐겁게 할 수 있는 남자가 진정한 리더가 될 수 있다. 다른 사람들의 마음을 즐겁게 변화시켜 새로운 일에 도전할 수 있는 용기를 주기 때문이다.

 남자들만의 싱크 토크

1. 나의 삶에 평안과 행복이 깃들이지 않는 가장 큰 이유는 무엇인가? 그것에서 벗어날 수 있는 방법은 무엇인가?

2. 나를 즐겁게 만드는 것들이 무엇인지 찾아보자.

남자의 기도

하나님 아버지, 인생에서 즐거운 일이 없다고 매일 얼굴을 찌푸리며 살았습니다. 주님을 믿는 그리스도인의 얼굴로 살지 못했습니다. 주님이 주시는 은혜로 나를 먼저 즐겁게 하고, 제 주위 사람들에게도 즐거움을 전파할 수 있는 사람이 되게 하옵소서. 예수 그리스도의 이름으로 기도드립니다. 아멘.

4. 영적으로 단단해지기

남자들의 인생 설계도

"또 여호와께서 모세와 아론에게 말씀하여 이르시되"(민 4:1).

　캐나다 토론토의 'N타워', 대만의 '타이페이 101', 시카고의 '시어즈 타워'는 높은 건물들을 말할 때 거론되는 이름들이다. 최근에는 아랍에미리트 두바이에 '버즈두바이'가 세워지면서 세계 모든 건물 중에서 가장 높은 구조물이 되었다. 이러한 건물들 앞에서 우리는 신기한 듯 '어떻게 이런 높은 빌딩을 건축했을까?'라고 생각하게 된다.

　언젠가 세인트루이스를 방문했을 때 미시시피 강변에 있는 게이트웨이를 보면서 감탄한 적이 있다. 양쪽에서 건물을 지어 공중에서 만나도록 건축한 것인데, 좁은 통로로 전망대까지 올라갈 때는 경이로움마저 느껴졌다.

　복잡하고 어려운 건축을 가능하게 하는 것은 완벽한 설계도다. 인생의 많은 문제들을 바라보면서 남자로서 가끔 내 인생에도 이런 설계도가 있었으면 좋겠다는 바람을 가져본다. 차별적인 외관은 물론이고 수려한 내부 인테리어, 적재적소에 자리 잡은 배선과 배관, 게다가 채광과 환풍에 이르기까지 요소요소 빠짐없이 잘 정비되어 있는 건물처럼, 어쩌면 남자들이 희망하는 인생 또한 이런 것이 아닌가 하는 생각이 든다.

건물을 짓는 일에 수고하는 일꾼들은 설계도를 따라 일을 해야 한다. 자신의 무한한 상상력은 건물을 망치는 일이 되고 만다. 나 자신의 생각을 내려놓고 설계자의 뜻을 따라 순종하며 성실하게 각자의 위치에서 일할 때 튼튼한 건축이 이뤄진다. 하나님께서는 이스라엘 백성들에게 하나의 설계도를 보여 주시고, 각 지파의 위치와 해야 할 일들에 대하여 구체적인 방침들을 말씀해 주셨다. 모세와 아론도 말씀하신 대로 실행하였다. 민수기 4장은 레위인들이 성물을 어떻게 관리해야 하는가를 말하고 있다. 하나님의 말씀을 살펴보면 각 자손의 일은 하나님의 주권에 의해 분배되고(민 4:4, 24), 각 자손은 하나님이 정해 주신 일만 해야 하며(민 4:4-15), 그 모든 일에는 지도자를 중심으로 섬기는 질서가 있어야 하고(민4:19, 27), 하나님의 거룩하심에 손상을 입혀서는 안 된다(민 4:15). 이 모든 일을 함에 있어서 성결함과 경외심이 필요했으며 능히 감당할 수 있는 능력 있는 레위인이어야 했다(민 4:3, 23, 30).

하나님을 영화롭게 하기 위해서는 각자에게 허락하신 은혜의 분량은 물론이고(엡 4:7), 서로간의 신뢰와 협조를 통해서만 하나님을 기쁘시게 할 수 있다(롬 12:3-13). 남자들은 하나님을 섬길 때에 강력한 자기의지가 아니라 하나님이 말씀하신 대로 순종하면 된다. 말씀을 순종하는 것은 연약한 사람들의 몫이 아니다. 연약한 사람들은 원리와 원칙을 준수하지 못한다. 말씀대로 순종하는 사람들은 강력한 삶의 의지와 열망을 가진 희망찬 삶을 사는 사람이다. 말씀대로 사는 것은 연약한 삶을 의지하는 것이 아니라 내 뜻대로 살 수 있는 힘을 쏟아 하나님의 말씀대로 사는 것이다. 이러한 삶이야말로 남자다운 것이다. 이런 모습이야말로 남자들의 영적 야성미다.

남자들이여, 인생설계도를 발견하였는가? 성경이 남자들의 인생설계도라는 것을 마음으로 믿고 받아들이는가? 예수님이 나는 길이요, 생명이라고 말씀하신 것을 믿는가? 그렇다면 오늘부터 하나님의 말씀대로 살아보자. 말씀대로 사는 것은 가장 강렬한 삶의 희망을 붙들고 사는 것이다. 말씀대로 사는 사람은 가장 소망 있는 인생이다.

 **남자들만의 싱크 토크**

1. 지금까지 나의 인생을 어떤 식으로 설계하고 실천하며 살아왔는가? 내가 만든 그 인생설계도에 성경의 원리가 얼마나 들어 있는가?

2. 말씀대로 사는 것이 무엇이라고 생각하는가? 성경은 읽지만, 그것이 내 생활 속에 얼마만큼 적용되고 있는가? 진정으로 성경이 나의 인생설계도라고 믿는다면, 당장 무엇부터 실천할 수 있을지 생각해 보자.

Prayer 남자의 기도

하나님 아버지, 성경 속에 제 삶의 탄탄한 인생 설계도가 있었는데도, 그것을 외면한 채 살았습니다. 말씀대로 순종하며 사는 사람들이 진정으로 남자다운 것임을 기억하고 성경을 바탕으로 삶의 의지와 열망을 불태우며 살게 하옵소서. 예수 그리스도의 이름으로 기도드립니다. 아멘.

PART 2
행복한 가정을 키우는 국 한 그릇

행복은 꿈꾸는 자들의 즐거움이요, 축복이다. 행복을 만들어 가기 위한 꿈과 이를 성취하기 위한 다양한 노력들이 이뤄내는 즐거움이 바로 행복이다. 그러기에 꿈꾸는 아버지의 사랑은 자녀들의 가슴에 영원한 메아리와 같다. 아버지가 꿈을 이루기 위해 노력하며 함께 나누는 사랑은 자녀들의 삶에 사라지지 않는 메아리가 된다.

하나님 아버지,
제 생각대로 아내를 움직이려 하고
때로는 아내의 말을 무시할 때도 있었습니다.
주님, 남편으로서 부족한 모습을 보인 저를 용서하여 주시고,
아내를 고귀한 존재로 여기고
아내가 행복해 하는 방식대로 그녀를 사랑하게 하옵소서.
저와 아내가 서로 믿음의 눈으로 바라보고
사랑을 나누며 섬기는 부부가 되게 하옵소서.
예수 그리스도의 이름으로 기도드립니다. 아멘.

5. 나도 인정받는 남편이고 싶다

좋은 남편으로 사는 비결

"남편들아 이와 같이 지식을 따라 너희 아내와 동거하고 그를 더 연약한 그릇이요 또 생명의 은혜를 함께 이어 받을 자로 알아 귀히 여기라 이는 너희 기도가 막히지 아니하게 하려 함이라"(벧전 3:7).

생텍쥐페리의 『어린 왕자』를 보면 어린 왕자와 여우가 이런 대화를 나눈다.

"세상에서 가장 어려운 일이 뭔지 아니?"

"흠… 글쎄요. 돈 버는 일? 밥 먹는 일?"

"세상에서 가장 어려운 일은 사람이 사람의 마음을 얻는 일이란다. 각각의 얼굴만큼 다양한 각양각색의 마음을…. 순간에도 수만 가지의 생각이 떠오르는데 그 바람 같은 마음이 머물게 한다는 건 정말 어려운 거란다."

남자들에게 세상에서 가장 어려운 일 중의 하나가 있다면 아내의 마음을 헤아리는 일일 것이다. 남자들에게 여자의 마음을 헤아리는 일은 부산에서 제주도까지 다리를 놓는 일만큼이나 어려운 일이라고 한다.

그러면 정말 이것은 어려운 일일까? 제대로 아내의 마음을 헤아리지 못하는 남자들은 자기 생각대로 배우자를 생각하고 자기감정대로 배우자의 감정을 조절하려는 미숙한 특성이 있다. 이러한 덜 떨어진 남자는 아내에게 좋은 남편이 될 수 없다.

베드로는 우리에게 좋은 남편이 되는 탁월한 비결을 전수해 준다. 베드로가 강조하는 것은 바로 "지식"(understanding)이다. 아는 만큼 사랑할 수 있다는 말이다. 남자들은 좋은 남편이 되어 보겠다고 최선을 다하지만 최악의 사건으로 변하는 경우가 허다하다. 아내에게 감동을 주고 배려해 줄 때도 아내가 행복해하는 방식으로 다가가야 한다. 아내에 대한 지식이 없다면 남자들은 어긋난 사랑으로 뒤틀린 부부관계를 만들 수 있다. 아내에 대한 정보들을 기록해 보자. 취미, 좋아하는 것들, 가족관계 등 많은 것들을 알면 알수록 더 많이 사랑하게 될 것이다.

베드로는 아내에 대한 "지식"을 강조한 이유에 대해 아내가 "더 연약한 그릇"이기 때문이라고 말한다. 이것은 아내를 아는 것보다 더 중요한 것이 아내에 대한 태도라고 말하는 것과 같다. 아내에 대한 태도는 아내를 사랑하는 방식을 다르게 만들기 때문이다. 아내들은 자신을 이해해 주는 남자를 원한다. 또한 자신이 안전하며 보호받고 있다고 느끼길 바란다. 따라서 한 여자의 남편으로서, 이러한 안전을 제공하는 것은 남편의 몫이다.

베드로는 아내를 행복하게 만들어주는 일에 대해 가장 중요한 요소 중 하나를 "귀히 여김"(honor)이라고 강조한다. 웹스터 사전에는 귀히 여김을 "고귀하게 여김(high regard), 특히 영광, 명예 등을 크게 돌림, 특별 대우함"이라고 정의한다. 아내를 이해하고 고귀하게 여겨야 할 이유는 "생명의 은혜를 함께 이어받을 자"(벧전 3:7)이기 때문이다.

베드로가 제시한 아내 사랑 비결의 결론은 "너희 기도가 막히지 아니하게 하려 함"이라고 말한다. 부부 행복이 하나님과의 관계에 영향을 미칠 수 있다는 것이다. 아내는 남편들이 사랑해야 할 첫 번째 이웃이다. 예수님은 제물을 바치는 것보다 사랑하고 섬기는 관계를 더 소중하게 여기셨다(마 5:22-24). 남편이 아내와의 좋은 관계를 통해 이뤄야 할 가장 소중한 모습은 부부가 서로를 위해 기도하는 일을 평안하게 하는 것이다. 서로에 대한 기도가 막히지 않는다면 하나님과의 관계도 막히지 않을 것이다.

남자들이여, 그대는 아내를 얼마나 알고 있다고 생각하는가? 아내의 기도제목을 알고 있는가? 아내가 무엇 때문에 즐거워하고, 무엇 때문에 걱정하는지 아는가? 진정한 사랑은 그리스도 안에서만 가능하다. 내 배우자를 믿음의 눈으로 바라보고 하나님 아버지의 마음으로 사랑하며 서로를 온전케 하는 가정을 세워 나가는 것이 우리 남자들의 사명이다.

 ## 남자들만의 싱크 토크

1. 나는 아내에 대한 지식이 얼마나 되는가? 아내가 좋아하고, 싫어하는 것들을 생각나는 대로 적어 보자.

2. 혹시 내 아내를 귀히 여기고 배려하지 못하고 무시한 적은 없는가? 아내를 하나님이 주신 반려자라 생각하고 고귀하게 여기기 위해 어떤 일들을 할 수 있을까?

Prayer 남자의 기도

하나님 아버지, 제 생각대로 아내를 움직이려 하고 때로는 아내의 말을 무시할 때도 있었습니다. 주님, 남편으로서 부족한 모습을 보인 저를 용서하여 주시고, 아내를 고귀한 존재로 여기고 아내가 행복해 하는 방식대로 그녀를 사랑하게 하옵소서. 저와 아내가 서로 믿음의 눈으로 바라보고 사랑을 나누며 섬기는 부부가 되게 하옵소서. 예수 그리스도의 이름으로 기도드립니다. 아멘.

5. 나도 인정받는 남편이고 싶다

위대한 축복의 통로

"…그의 남편 요셉은 의로운 사람이라 그를 드러내지 아니하고 가만히 끊고자 하여…"(마 1:18-25).

결혼생활에 있어서 행복은 배려와 돌봄에 달려 있다. 자신이 배려나 돌봄을 받고 있지 못할 때에는 대화의 방향이 달라지고, 감정이 왜곡되고, 배려하지 않고 돌보지 않는 상대방에게 더 불행한 것들로 돌려주려 한다. 성경에는 멋진 남성들이 등장한다. 이방 여인 룻을 배려하고 보호했던 보아스와 우물가에서 여성들을 배려하고 돌보다가 배우자를 만난 모세, 그리고 마리아의 남편 요셉이다.

특히 요셉의 마리아에 대한 사랑은 지고지순한 것이었다. 그는 사랑하는 마리아와 결혼을 앞두고 있던 때에 결코 받아들일 수 없는 일이 일어났다. 그녀가 자신도 모르게 임신을 한 것이다. 얼마나 당황스럽고 화가 나는 일인가. 그러나 이 모든 상황 가운데서 요셉의 관심은 율법적으로 징벌을 받을 수밖에 없는 마리아가 다치지 않도록 배려하는 데 있었다. 자신의 황당함과 분노 때문에 마리아를 추궁하거나 화를 내지 않았다. 마리아를 있는 그대로 사랑한 요셉은 변함없이 자신과 상관없이 임신한 마리아를 여전히 사랑했다. 요셉은 마리아의 입장에서 자신이 할 수 있는 최선을 다하여 배려하고 마리아를 보호하기 위한 방안을 모색했다. 요셉이 마리아를 배려하고 돌보려는 마음이 없었다면 예수님이 이 땅에 태어나실 수 있었을까? 물론 하나님은 어떤 일이 있어도 예수님을 이 땅에 태어나도록 하셨을 것이다. 그러나 좋지 않은 많은 이야기들을 가지고 태어나셨을지 모른다. 죄인 된 우리를 위해 하나님의 가장 적극적인 배려로 이 세상에 오실 예수님의 탄생은 요셉의 배려와 돌봄으로 순적하게 되었다. 요셉의 마리아를 향한 배려와 돌봄은 이 세상에 임마누엘의 축복이 임하게 되는 위대한 축복의 통로가 되었다.

남자들이여, 배려와 돌봄은 가장 남자다운 모습이다. 그대와 함께하는 사람들을 얼마나 배려하고 돌보는가? 약한 자는 누군가를 배려하고 돌볼 수 없다. 내 아내의 연약함을 문제 삼고 비방하고 몰아세우는가? 아니면 아내가 연약함에도 불구하고 따스한 돌봄으로 사랑하는가? 자녀들이 아버지 앞에서 힘들고 어려운 일들을 의지하며 도움을 요청하는가? 아버지의 따뜻함을 자녀들이 충분히 느낄 수 있도록 자녀들을 배려하라. 배려와 돌봄은 온 가족의 마음을 하나님의 사랑으로 단장시켜 줄 것이다.

 **남자들만의 싱크 토크**

1. 아내의 연약함을 아직도 받아들이지 못해서 아내에 대해 화가 나고 분노가 치밀어 오르는 때는 언제이고 어떤 상황인가?

2. 아내의 연약함을 배려하고 돌보기 위해 나는 어떤 노력들을 하고 있는가? 지금까지 못했다면 앞으로 어떤 노력을 기울이겠는가? 지금 마음에 결심한 것 3가지만 기록해 보자.

남자의 기도

하나님 아버지, 요셉이 마리아를 있는 그대로 사랑하고 배려한 것처럼 제 아내를 사랑하고 아끼는 남편이 될 수 있도록 도와주옵소서. 그리하여 우리 가정에 임마누엘의 축복이 임하게 하는 축복의 통로가 되게 하옵소서. 예수 그리스도의 이름으로 기도드립니다. 아멘.

5. 나도 인정받는 남편이고 싶다

아내에게 투자하라

"이와 같이 남편들도 자기 아내 사랑하기를 자기 자신과 같이 할지니 자기 아내를 사랑하는 자는 자기를 사랑하는 것이라 누구든지 언제나 자기 육체를 미워하지 않고 오직 양육하여 보호하기를 그리스도께서 교회에게 함과 같이 하나니"(엡 5:28-29).

결혼과 주식투자에는 공통점이 있다. 그 공통점은 커다란 기대를 품고 시작한다는 것이고, 해도 후회, 안 해도 후회하며, 결과는 아무도 예측하지 못한다는 것이다. 또한 처음에는 모든 게 좋아 보이지만 나중에는 서서히 그 단점들이 보이기 시작하고, 자기는 이미 하고선 남들한테는 절대 하지 말라고 말린다고 한다. 한낱 유머에 지나지 않지만 마음을 뜨끔하게 만드는 구석이 있다.

1956년 단돈 100달러로 투자를 시작해 세계적인 투자가로 우뚝 솟은 사람이 있다. 바로 워렌 버핏이다. 그가 오랜 세월 왕좌를 지켜온 비결은 '가치투자'였다. 그는 주가가 내려가도 안전한 주식을 산다고 한다. 이 기업의 가치에 비추어 주가가 30만 원이 적당하다고 한다면 워

렌 버핏은 15만 원 정도에 산다고 한다. 그리고 주가가 30만 원에서 20만 원으로 떨어져도 팔지 않는다. 왜냐하면 이익을 얻고 있기 때문이다. 버핏은 주가가 오르면 돈을 무더기로 벌고 떨어져도 손해 보지 않는 주식을 산다고 한다. 버핏의 투자법은 "가치와 안전"이었다.

결혼이란 일생일대의 가장 안전하고 위대한 투자다. 오랜 시간 동안 한 사람이 다른 한 사람을 사랑하고 기뻐하며 충분한 가치평가를 통해 이뤄지기 때문이다. 또한 세상에서 가장 소중한 자신을 온전히 투자하는 일이기에 이보다 위대한 투자는 존재하지 않는다.

사람들은 자신의 가장 귀중한 재산을 보호하기 위해 자물쇠, 도난 및 화재경보기, 경비 시스템 등을 설치한다. 그렇다면 아내를 보호하기 위해 남편들은 과연 무엇을 투자했을까? 우리는 에베소서를 통해 아내의 가치를 높이는 투자를 배울 수 있다. "이와 같이 남편들도 자기 아내 사랑하기를 자기 자신과 같이 할지니 자기 아내를 사랑하는 자는 자기를 사랑하는 것이라 누구든지 언제나 자기 육체를 미워하지 않고 오직 양육하여 보호하기를 그리스도께서 교회에게 함과 같이 하나니"(엡 5:28-29). 이 성경 본문에는 남편이 아내에게 해야 할 일을 말하고 있는 세 단어가 나타난다. "사랑하라, 양육하라, 보호하라." 이 세 단어 모두는 아내의 삶을 세우고 자긍심을 높이는 일에 해당하는 말씀이다.

남편은 아내로 하여금 자신이 존중받고 있다는 사실을 느낄 수 있도록 사랑을 표현해야 하며, 아내가 영적으로 성장할 수 있도록 양육해야 한다. 이것은 남편이 해야 할 가장 중요한 일이다. 아내가 영적으로 성장할 때, 아내는 자신의 삶에서 승리할 뿐 아니라, 남편도 유익을 얻게 된다. 또한 숨겨진 아내의 달란트들을 개발하도록 돌봄으로써 아내의 삶에 적극적으로 참여해야 한다. 비옥한 땅에 아내의 은사들이 싹틔워지기 위해서는 남편의 보살핌이 필요하다.

아내가 새로운 지평을 넓히도록 도와주라. 남편들 대부분은 아내의 삶에서 중요한 변화의 시기인 출산, 육아, 폐경기, 자식의 독립 등과 같은 것들을 간과한다. 아내는 갑자기 빈 둥지가 된 가정에서 홀로 남은 것 같은 허전함을 느끼고, 주체할 수 없이 남아도는 시간에 어쩔 줄을 몰라 한다. 이때 남편은 아내가 겪게 될 일들에 대비하며 지금부터 아내를 위한 투자를 해야 한다.

남자들이여, 아내에 대한 투자는 가장 안전하고 행복하며, 자신을 위한 투자다. 많은 남자들은 건강을 위해 운동에 투자하고, 많은 재물을 모으기 위해 주식에 투자한다. 그러나 이런 모든 것들은 아내에 대한 투자만 못하다. 마주하는 아내의 미소만큼 우리에게 행복을 가져다주지 못하기 때문이다. 남자의 인생 이력서는 아내의 얼굴이고, 나의 행복 주소는 아내의 미소에 있다는 사실을 잊지 말자.

 **남자들만의 싱크 토크**

1. 나는 아내를 얼마나 귀히 여기고 가치 있는 투자를 했는가? 아내를 향한 나의 태도와 생각은 어땠는지 가만히 되돌아 보자.

2. 아내의 달란트를 개발시키고, 자긍심을 높이며, 영적으로 성장시킬 수 있는 일들에는 무엇이 있는가? 아내에 대한 구체적인 투자 방법을 생각해 보자.

Prayer 남자의 기도

하나님 아버지, 물질적인 돈만 버는 것이 중요하지 않음을 다시금 깨닫게 됩니다. 가정에서 정말 소중한 아내의 가치를 알게 하시고, 그 아내에게 진정한 가치 투자를 할 수 있는 남편이 되게 하옵소서. 아내의 필요와 달란트를 살피고, 아내의 새로운 삶을 위한 지평을 넓혀 줄 수 있게 하옵소서. 예수 그리스도의 이름으로 기도드립니다. 아멘.

5. 나도 인정받는 남편이고 싶다

나를 완전하게 하는 아내

"여호와 하나님이 이르시되 사람이 혼자 사는 것이 좋지 아니하니 내가 그를 위하여 돕는 배필을 지으리라 하시니라"(창 2:18).

아담은 확실한 소명과 뛰어난 수행 능력을 갖춘 인간으로 창조되었다. 온 우주의 창조자가 그의 주인이며, 무엇보다도 그는 창조주 하나님과 완전한 관계를 유지하고 있었다. 그러나 이 모든 것에도 불구하고 하나님은 혼자 있는 아담이 외로워 보이셨다.

하나님께서는 아담의 고독을 바라보시면서 그를 위하여 돕는 배필을 지으리라 결정하셨다. 달리 말하면, 하나님은 아담이 하나님의 형상을 드러내고 경건한 자녀들을 낳아 기르고 영적 싸움에 임할 수 있도록, 그를 보완해 주고 완전케 할 내조자를 만들고자 하셨다. 그런 내조자가 없는 아담은 하나님 보시기에 "좋지 않은" 존재였던 것이다. 배우자가 채워 주어야 할 영역은 감정적이고, 영적이고, 육적인 부분이다.

하나님은 아담을 불완전하게 만드셨기 때문에 여자로 하여금 남자의 부족한 부분을 채우도록 하셨다.

하나님이 여자를 남자의 갈빗대 하나로 창조하셨기 때문에, 여자는 남자의 일부이지만, 한편으로는 남자와 동등하다. 여자는 남자보다 결코 열등하게 창조되지 않았다. 여자는 하나님의 창조 계획에서 없어서는 안 될 부분이었다. 배우자는 나의 외로움에 대한 하나님의 가장 완벽한 응답이다.

잠에서 깨어나 하와를 본 첫 순간, 아담은 황홀하게 반응했다. "이제야 나타났구나, 이 사람! 뼈도 나의 뼈, 살도 나의 살, 남자에게서 나왔으니 여자라고 부를 것이다"라고 외쳤다 (창 2:23).

"이는 내 뼈 중의 뼈요"에서 "이는"이라고 번역된 성경 구절은 히브리어로 "야아! 드디어 나타났구나!", "야아! 이제야 나타났구나!"를 나타내는 감탄사. 이 감탄사는 어떤 사람이 사랑을 나누고 결혼하고 싶은 사람을 발견했을 때 느끼는 벅차오르는 감정을 표현한다. 그러나 불행하게도 신혼여행이 끝나면 이 "야아!" 하는 흥분은 종종 "휴우!" 하는 한숨으로 바뀐다. 하나님은 결코 결혼생활의 흥분이 사라지도록 의도하지 않으셨다. 오히려 그분은 결혼생활이 생명력 있고 만족스럽도록 계획하셨다.

결혼은 하루 일과를 마치고 집 현관문을 열면서 만나는 배우자를 보며 "야아! 드디어 나타났구나! 이제야 나타났구나!"를 말할 수 있어야 하고, 한 침대에서 잠을 자고 난 뒤에 아침에 눈을 뜨고 배우자와 마주하는 순간에도 "야아! 드디어 나타났구나! 이제야 나타났구나!"라고 말할 수 있는 마음이 샘솟듯 솟아나야 하는 것이다.

하나님은 남자의 결핍된 부분을 채워 온전케 하기 위해 여자를 창조하셨다. 우리는 배우자를 '경쟁 대상'으로 보고 거부하기보다 나를 '완전하게 하는 자'로 받아들여야 한다. 한 인간이 다른 인간의 마음에서 우러나오는 사랑을 받아들이는 것은 숭고한 만남이다.

하와는 아담의 갈비뼈로 만들어졌기 때문에 우주의 그 어떤 것보다 가까운 존재이며, 아담과 상호보완적이다. 즉, 남자는 여자와 인격적, 육체적으로 친밀한 관계를 맺을 수 있고, 서로 이해하고 이해받을 수 있으며, 동등한 수준에서 대화를 나눌 수 있는 존재다.

그런데 사람들은 결혼하면서 다음과 같은 잘못된 행동들을 보인다.

첫째, 배우자의 약점들을 용납하지 못하는 것이고, 둘째, 배우자의 성취도를 평가하는 것이다. 두 가지 결점은 경쟁에 근거하고 있다. 즉, 배우자가 잘못한 점을 일일이 지적하고, 남편이나 아내가 맡은 일들을 얼마나 잘하는지 평가하는 것이다.

남자들이여, 하나님께서는 결혼을 계획하실 때 "경쟁하는"(competing) 것이 아니라 서로를 "완전하게"(completing) 하는 데 초점을 두셨음을 기억해야 한다. 하나님이 아직 결혼하지 않은 아담에게 충고하실 때 가장 중요하게 다룬 주제는 완성이었다. 하나님은 하와가 아담을 완성시켜 그 둘이 하나님의 형상을 반영하고, 자녀를 낳아 경건하게 양육하며, 하나님의 말씀을 온전히 순종하기를 원하셨음을 가슴 깊이 새겨야 할 것이다.

 남자들만의 싱크 토크

1. 가끔 자신이 슈퍼맨이라 착각하는 남자라 할지라도, 남자만으로는 불완전하다는 사실을 깨달아야 한다. 나의 불완전함은 무엇인가?

2. 배우자만이 나의 부족한 문제들에 대한 가장 완벽한 하나님의 응답이라는 사실을 인정하는가? 그렇다면 배우자를 통하여 내가 온전해지고 있는 일들은 무엇인가?

Prayer 남자의 기도

하나님 아버지, 아담에게 돕는 배필인 하와를 만드셔서 서로를 완전하게 하고 하나님을 나타내려 하신 것을 깨닫습니다. 서로의 약점을 들추고 경쟁하며 평가하는 관계가 아니라 하나님께서 원래 창조하신 뜻대로 서로 사랑하며 사는 부부가 되게 하옵소서. 예수 그리스도의 이름으로 기도드립니다. 아멘.

하나님 아버지,
눈물이 나약함의 상징이라 생각하고 애써 참으며 살아왔습니다.
자녀들에게조차 눈물을 보이지 않았습니다.
하지만 아이들을 위해 기도하며 흘리는 눈물은 당연한 것임을 깨닫습니다.
아이들을 위해 진정 가슴으로 울 수 있는 아버지가 되게 하옵소서.
예수 그리스도의 이름으로 기도드립니다. 아멘.

6. 자녀들의 마음을 얻는 행복한 아버지

꿈을 가진 아버지

"예수는 지혜와 키가 자라가며 하나님과 사람에게 더욱 사랑스러워 가시더라"(눅 2:52).

"내 아들 솔로몬에게 정성된 마음을 주사 주의 계명과 권면과 율례를 지켜 이 모든 일을 행하게 하시고 내가 위하여 준비한 것으로 성전을 건축하게 하옵소서 하였더라"(대상 29:19).

아버지는 자녀를 통해 꿈을 꾼다. 아이들이 성장하면서 경험하게 될 수많은 사건들과 사람들에 대해 미리 상상해 보기도 하고, 때로는 아직 이뤄지지 않은 일들에 대해 생각하면서 가슴 설레기도 한다. 아버지들은 자녀들의 삶을 꿈꾸며 그에 따라 아버지 노릇을 어떻게 할지 예측하기도 한다.

예수님의 성장을 바라보고 있는 요셉과(눅 2:52) 자신의 평생 염원인 성전을 건축할(대상 29:19) 솔로몬을 바라보고 있는 다윗의 모습을 상상해 보자. 우리의 아버지와 성경 속의 아버지가 다를 바가 없다. 이처럼 아버지는 자녀를 바라보며 희망을 품는다.

지금도 기억나는 일이 있다. 내가 중학교에 입학했을 때였다. 그 당시 교복을 양복점에서 맞춰 입는 일은 대단한 일이었다. 시골 5일장이 서는 날 노점에서 교복을 사서 입는 것이 예사였던 시절이었다. 그것도 어려우면 헌 교복을 물려 입고 다니던 친구들도 많았다. 그런데 뜻밖에도 아버지께서 교복을 맞춰 주셨다. 아버지는 교복을 입혀 놓고 학생 모자를 씌운 후 막내아들인 나를 흐뭇하게 바라보셨다. 교복 입은 아들을 바라보며 아버지는 자신이 못 이룬 꿈을 아들이 이뤄줄 것이라고 생각하셨을 것이다.

아버지를 생각하면, 나를 바라보시며 많은 꿈들을 꾸셨을 아버지의 모습이 떠오른다. 아버지는 아들을 바라보며 지금 나의 모습을 예측하셨을까? 이제 나도 아버지가 되어 아이들을 바라보면서 옛날 아버지의 마음을 조금이나마 헤아리게 된다. 나의 자녀들을 통해 내가 꿈꾸는 것들을 나의 아버지도 꿈꾸었으리라.

아버지만 자녀를 통해 꿈꾸는 것이 아니라 자녀도 아버지를 통해 미래를 꿈꾼다. 한 청년이 찾아와 자신의 아버지에 대한 고민을 털어놓았다. 아버지의 잘못된 행동으로 어머니와 매일 다투고 심각한 부부갈등에 놓여 있다는 것이었다. 그는 어린 시절부터 부모가 서로를 깎아내리는 모습만 보아왔고, 각 방을 사용하는 부모를 보면서 부부란 원래 저런 것이라고 여길 정도였으니 그의 부모가 어떤 관계였을지 짐작하고도 남았다. 청년에게 여자 친구가 생긴 이후로 부모의 갈등은 더 심각해졌고, 그것이 청년에게는 마음의 큰 부담이 되었다. 부모가 이혼을 공언하고 나서자 아들인 청년은 중간에서 부모를 설득하려고 애를 썼다. 그는 자신의 결혼에 대해 생각할 때마다 부모의 모습이 떠올라 두렵다고 했다. 부모를 통해 자신의 미래를 꿈꿀 수 없는 지경까지 이른 것이다. 이처럼 잘못된 아버지는 자녀에게 무너진 꿈밖에는 줄 것이 없는 인생이 되기도 한다.

가족을 통해 아름답고 행복한 미래의 꿈을 키우기 위해서는 무엇을 해야 할까? 우선 서로의 꿈을 나누는 일들이 필요하다. 아버지의 꿈도 자녀들의 꿈도 서로가 알아야 한다. 그래야 서로의 기대에 어긋나지 않는 삶을 살 수 있다. 마음의 빗장을 풀어 생각을 나누고 꿈을 나누는 가운데 서로를 섬기며 사랑하는 가족들이 될 수 있다.

행복은 꿈꾸는 자들의 즐거움이요, 축복이다. 행복을 만들어 가기 위한 꿈과 이를 성취하기 위한 다양한 노력들이 이뤄내는 즐거움이 바로 행복이다. 그러기에 꿈꾸는 아버지의 사랑은 자녀들의 가슴에 영원한 메아리와 같다. 아버지가 꿈을 이루기 위해 노력하며 함께 나누는 사랑은 자녀들의 삶에 사라지지 않는 메아리가 된다. 하나님의 마음을 담은 꿈이 있다면 그 자녀는 하나님 나라의 귀한 일꾼으로 세워진다.

나는 아침마다 일어나 자녀들을 가슴에 안고 그들을 향한 꿈들을 하나님께 기도드린다(잠 3:1-4). 내게 맡기신 귀한 자녀들에게 하나님의 꿈을 전달하는 시간이다. 나의 기도는 자녀들의 삶을 이끌어가는 핵심 언어가 된다. 아버지는 기도를 통해 자신의 꿈을 하나님께 소망하며 자녀들의 마음에 씨앗을 심는다.

남자들이여, 자녀들에 대하여 어떤 꿈을 갖고 있는가? 자녀들의 꿈이 믿음 안에서 성장할 수 있도록 아버지로서 어떤 노력을 기울였는가? 아버지의 마음은 자녀들의 인생 도약대가 되어야 한다. 그동안 자녀들에게 명령과 지시와 꾸짖음만 열심히 해왔다면 이제는 자녀들을 바라보며 꿈을 격려해 주자. 그리고 자녀들과 함께 꿈을 이루는 믿음의 가장들이 되자.

 ## 남자들만의 싱크 토크

1. 아버지로서 분명한 꿈을 갖고 있는가? 또한 아버지로서 가족들의 꿈을 알고 있는가?

2. 꿈이 없는 사람은 목적이 없는 삶이라고 해도 과언이 아니다. 꿈이 없는 가정은 절망과 비난이 대화의 주제다. 꿈이 있는 나, 꿈이 있는 가정을 만들기 위해 아버지로서 어떤 노력을 시도해 볼 수 있겠는가?

남자의 기도

하나님 아버지, 제게 주신 꿈을 아이들이 인정하고 존중하며 다 함께 헌신하게 하심을 감사드립니다. 제 아이들의 가슴 속에 부어주신 꿈들이 저의 기도제목이 되게 하시고 우리 모두의 기쁨과 감사의 제목이 되게 하소서. 예수 그리스도의 이름으로 기도드립니다. 아멘.

6. 자녀들의 마음을 얻는 행복한 아버지

자녀들의 자존감 높이기

"아비들아 너희 자녀를 노엽게 하지 말지니 낙심할까 함이라"(골 3:21).

부모라면 누구나 자녀들이 성공하기를 원한다. 그렇다면 우리는 스스로에게 이런 질문을 해보아야 한다. "나는 내 자녀들이 성공한 사람이 되기를 원하는가? 아니면 행복한 사람이 되기를 원하는가?" 이 질문에 대한 대답에 따라 자녀양육의 방식은 대조적일 수 있다.

인간으로서 가져야 할 소중한 가치가 있다면 자존감이라고 생각한다. 그리스도 안에서 자아의 회복은 자존감의 회복이라고 해도 과언이 아니다. 죄인이었던 내가 하나님의 자녀라는, 세상 그 무엇과도 바꿀 수 없는 고귀한 가치로 변화된 것이다. 예수님을 만났던 많은 사람들의 변화 가운데 가장 분명한 것은 자존감의 회복이었다. 곧 존재의 변화였던 것이다. 그렇다면 자존감은 어떻게 형성되는 것일까? 자존감은 가족에 의해 만들어진다. 자존감은 가족 구성원들이 주는 가장 아름다운 선물 중의 하나다. 인생이 행복한 사람은 구원의 확신과 건강한 자존감을 가지고 있다.

1976년 4월 6일, 활짝 피어난 벚꽃 위로 쏟아지는 부드러운 햇살, 정말 따사로운 하루였다. "응애! 응애!" 불에 데어 놀란 것처럼 울어 대며 한 아이가 태어났다. 건강한 사내아이였고 평범한 부부의 평범한 출산이었다. 단 한 가지, 그 사내아이에게 팔과 다리가 없다는 것만 빼고는 말이다. 아이가 정상이었다면 감동적인 모자 상봉의 장면이 이어졌을 것이다. 그러나 이제 막 출산의 고통에서 벗어난 산모가 더 큰 충격을 받을 것을 염려한 병원에서 황달이 심하다고 둘러대 엄마와 아기는 한 달이 넘도록 만날 수 없었다.

드디어 모자간의 첫 만남이 이루어지는 날이 찾아왔다. 엄마는 병원으로 오는 도중에야 비로소 아기가 황달이 아니었음을 알게 되었다. 아기 엄마는 불안하고 초조한 모습으로 병원을 향했다. 드디어 그 엄마가 아기를 만나는 긴장된 순간 주위 사람들은 엄마의 반응에 깜짝 놀라고 말았다. 어머니의 첫 마디는 이러했다.

"어머! 귀여운 우리 아기…."

대성통곡을 하다가 정신을 잃고 그 자리에 쓰러질 것이라 예상했던 사람들은 엄마의 의외의 반응에 아무 말도 할 수 없었다. 엄마에게는 비록 팔과 다리가 없는 아들이지만 몇 달 동안 배 아파 낳은 소중한 자식이었다. 한 달이나 만날 수 없었던 아들을 비로소 만날 수 있게 된 기쁨이 엄마에게는 무엇보다도 컸다.

이것은 『오체불만족』을 쓴 오토다케의 이야기다. 팔과 다리가 없이 태어난 오토다케는 부모님의 사랑을 통해 팔과 다리보다 더 좋은 자존감을 갖게 되었다. 자신의 가치를 발견하고 자신을 소중히 여겨 내일을 향해 즐겁게 달려가는 한 사람으로 성장하게 된 것이다. 오토다케가 부모로부터 부여받은 자존감은 장애를 극복할 수 있도록 만들어 주었고, 왕따당할 수 있는 환경을 사랑받을 수 있는 환경으로 만들었다. 자녀들을 노엽게 한다면 우리는 세상에서 가장 빈곤한 영혼을 가진 자녀를 키우는 것이나 마찬가지다. 그러나 자녀들의 연약함 앞에서 하나님 아버지의 심정으로 사랑하고 소중히 여기는 마음으로 다가간다면 가장 행복한 그리스도인으로 성장할 것이다.

남자들이여, 그대는 아는가? 자녀들의 자존감을 높여 주는 일은 값비싼 선물이 아니라 아버지의 따스한 눈빛과 부드러운 목소리, 함께하는 시간들이다. 아버지를 존경하고 사랑하는 자녀들은 자존감이 높다. 자녀들의 자존감은 자녀를 사랑하는 아버지의 마음으로 세워진다. 연약함을 이해하고 수용할 뿐만 아니라 위로와 축복의 기도를 할 줄 아는 아버지는 자녀들의 삶에 행복한 미소를 새겨 줄 수 있다.

 남자들만의 싱크 토크

1. 나는 자녀들을 책망하고 노엽게 하는 아버지인가? 아니면 하나님의 사랑으로 아끼고 소중히 여기는 아버지인가?

2. 자녀들의 자존감을 높이기 위해 내가 할 수 있는 일들은 무엇일까? 구체적인 실천 방법들을 적어 보자.

Prayer 남자의 기도

하나님 아버지, 자녀들에게 주님의 사랑과도 같은 아버지의 사랑을 보여 줄 수 있기를 원합니다. 진정으로 자녀들을 이해하고 따뜻한 사랑과 격려로 용기를 북돋워 줄 수 있게 하옵소서. 자녀들을 위해 위로와 기도를 할 줄 아는 아버지가 되게 하옵소서. 예수 그리스도의 이름으로 기도드립니다. 아멘.

6. 자녀들의 마음을 얻는 행복한 아버지

영혼의 나침반이 되라

"아들들아 아비의 훈계를 들으며 명철을 얻기에 주의하라 내가 선한 도리를 너희에게 전하노니 내 법을 떠나지 말라 나도 내 아버지에게 아들이었으며 내 어머니 보기에 유약한 외아들이었노라 아버지가 내게 가르쳐 이르기를 내 말을 네 마음에 두라 내 명령을 지키라 그리하면 살리라"(잠 4:1-4).

우리 시대의 아버지들은 무엇이든 잘해야 한다는 압박감을 느끼며 산다. 퇴근해서 집에 오면 너무 지쳐서 가족이 바라는 좋은 남편, 좋은 아버지가 될 기력이 남아 있지 않다. 남성에게 기대하는 것은 과거 어느 때보다 많아졌고 그만큼 가족과 함께할 시간은 줄어든 것이다.

오늘날 가족들은 아버지에게 많은 것들을 기대한다. 더 좋은 아버지, 더 좋은 남편, 더 좋은 대화상대, 정서적으로 더 성숙한 남자이기를 바란다. 하지만 현실적으로 남자는 가정에서 소외된 존재로 살아간다. 일과 가족이 분리되면서 비성경적 가치관이 자리 잡기 시작했다. 남자는 더 이상 가정의 중심이 아닌, 이방인의 처지로 전락해 버렸다. 산업화와 함께 자녀교육은 아버지 중심에서 어머니 중심으로 바뀌기 시작했고, 아버지는 일요일에나 집에서 볼 수 있는 존재가 되고 말았다. 좋든 싫든 간에 아버지는 현대 문명에서 방관자의 위치로 밀려난 것이다. 자녀들은 어머니와 함께 보내는 시간이 많고, 성장하면서 갖게 되는 선택과 결정들을 아버지가 아닌 어머니와 한다. 그러기에 아버지는 점점 아내와 자녀들과의 관계가 소원해지고, 직장에서 지친 몸과 마음을 이끌고 집으로 돌아오면 쓰러져서 잠만 자게 되는 것이다.

남자들은 가정에서 영적 압박감도 받는다. 많은 남자들이 경건생활을 가족과 함께할 기회를 갖지 못해 영적 본보기 역할을(잠 4:1-2) 제대로 수행하지 못한다. 영적 아버지는 어떠해야 하는지를 알고 있는 남성이 거의 없는 것이다.

그렇다면 경건한 영적 아버지는 어떤 모습일까? 경건한 아버지는 아내와 자녀들을 향한 사랑과 영적 돌봄에 마음을 쏟는다. 성공을 위해 살아가는 자는 곤고한 인생을 살아가나 하나님의 은혜를 가정 가운데 세워가는 자는 평강을 얻을 수 있다(시 128:6). 아버지가 가정의 중심 자리에 있을 때 가족들이 인생의 중심을 바로 세울 수 있는 것이다.

자녀를 노엽지 않게 양육한 이 시대 믿음의 아버지를 소개한다면, 강영우 박사를 들 수 있다. 강영우 박사의 『꿈이 있으면 미래가 있다』라는 책에서 강 박사의 큰 아들 진석 군이 하버드 입학 당시 쓴 에세이 중에 다음과 같은 내용이 있다.

"내 어린 시절을 회상해 보면 육안이 없이도 볼 수 있는 세계를 보여 주신 맹인 아버지를 가지게 된 것이 얼마나 다행한 일이었는지를 깨닫게 된다. 두 눈을 뜬 내가 보지 못하는 아버지의 안내자가 아니라 맹인 아버지가 정안자인 내 인생을 안내하신다는 사실을 알게 된 것이다."

강영우 박사는 자녀들이 2살 때부터 '예수 사랑하심은', '선한 목자' 등의 찬송을 가르치고 여름방학에는 두 교회의 성경학교에 보낼 정도로 교회학교 교육을 중시했다. 또 한국계 미국인으로 주체성을 갖게 하기 위해 자녀들이 초등학생일 때부터 잠언을 읽어주며 한글을 가르쳤다. 그때 읽었던 내용을 자녀들이 지금도 기억하고 교훈으로 삼고 있다고 한다. 명절 때는 한국 예절대로 세배를 하고 고유음식을 만들어 먹으며 전래동화를 읽어 주는 등 한국의 얼을 심어 주는 데도 세심한 신경을 썼다. 또 '내가 누구인가'라는 정체감을 신앙교육으로 확립시켜 주었다. 예를 들면 창세기 1:27 말씀을 통해 "인간은 하나님의 형상대로 지음받은 존재이며 하나님을 닮은 인격체. 그렇기 때문에 흑인이든 백인이든, 장애인이든 비장애인이든 모두 귀하고 평등한 존재"라는 인간의 존엄성을 가르쳤다. 그래서 인종차별의 어려움도 극복할 수 있도록 도왔다.

강영우 박사는 자녀들에게 세상을 이기는 힘을 길러주기 위해 "무릇 하나님께로부터 난 자마다 세상을 이기느니라 세상을 이기는 승리는 이것이니 우리의 믿음이니라"(요일 5:4)는 말씀을 제시하며 "이 세상을 살아가는 것은 그리 쉬운 게 아니지만 믿음을 가진 아빠는 앞을 보지 못해도 어려움을 극복할 수 있었다"라고 자녀들을 격려했다. 강영우 박사에게는 정상 시력은 없었지만 믿음의 시력이 있었던 것이다. 그는 비록 눈은 보이지 않았지만, 믿음의 능력으로 자녀들이 성장할 수 있도록 도운 영적 아버지의 롤 모델이 된다. 아버지로서 자녀들과 함께하며 믿음의 모범이_(잠 4:3-4) 되어 준 강영우 박사를 통해 우리는 가정에서 아버지가 어떻게 자녀들과 함께해야 하는지를 깨닫게 된다.

남자들이여, 자녀들이 아버지의 얼굴을 바라보며 위로를 받고, 아버지의 든든한 팔에 안겨 평안함을 얻으며, 아버지의 기도 무릎을 바라보며 하나님의 은혜를 소망하게 만드는 아버지가 되고 있는가? 아버지는 자녀들에게 영혼의 나침반이 되어야 한다. 힘들고 어려울 때 아버지의 믿음은 자녀들이 살아가야 할 삶의 방향이 되어야 한다.

 ## 남자들만의 싱크 토크

1. 나는 아버지로서 자녀들에게 어떤 영향력을 끼치고 있는가? 지금까지 나의 삶이 방관자적인 아버지의 삶이었다면, 다시 가족들의 중심으로 돌아가라. 그렇게 하기 위해서 내가 할 수 있는 일들에는 무엇이 있을까?

2. 영적인 아버지로서 자녀들에게 물려주고 싶은 영적 습관은 무엇인가?

Prayer 남자의 기도

하나님 아버지, 늘 바쁘다는 핑계로 자녀들과 함께하지 못할 때가 많았습니다. 이 세상에서 가장 소중한 존재인 가족들을 제 삶의 중심에 두고, 영적인 아버지이자 인도자로서의 역할을 제대로 해낼 수 있도록 능력을 허락해 주옵소서. 예수 그리스도의 이름으로 기도드립니다. 아멘.

6. 자녀들의 마음을 얻는 행복한 아버지

아버지의 눈물

"딸 내 백성의 파멸로 말미암아 내 눈에는 눈물이 시내처럼 흐르도다 내 눈에 흐르는 눈물이 그치지 아니하고 쉬지 아니함이여 여호와께서 하늘에서 살피시고 돌아보실 때까지니라"(애 3:48-50).

"내가 마음에 큰 눌림과 걱정이 있어 많은 눈물로 너희에게 썼노니 이는 너희로 근심하게 하려 한 것이 아니요 오직 내가 너희를 향하여 넘치는 사랑이 있음을 너희로 알게 하려 함이라"(고후 2:4).

눈물을 흘려 보았는가? 남자들에게 눈물은 연약함과 수치심의 상징처럼 생각될 때가 많다. 세상에 희귀한 것 중의 하나가 남자의 눈물이 아닌가 싶다.

정서 순화를 뜻하는 '카타르시스'라는 말은 본래 고대 그리스의 철학자 아리스토텔레스가 연극의 효과를 설명하면서 썼던 말이다. 비극을 보면서 눈물을 흘리면 불안과 긴장감이 해소되어 마음이 정화되는 상태를 '카타르시스'라고 하는 것이다. 눈물이 정서 순화에 도움이 될 뿐만 아니라 건강 증진에도 크게 기여한다는 사실이 과학적으로 입증된 것은 훨씬 후의 일이다.

18세기 말 프랑스의 화학자 라부아지에가 눈물에 관한 최초의 과학적 분석을 시도한 이래로 과학자들의 눈물에 관한 집요한 연구는 계속되어, 이제 경우에 따라 눈물의 화학적 성분도 달라진다는 사실까지 밝혀냈다. 가령, 슬픈 영화를 보고 흘린 '정서적 눈물'과 양파나 마늘 향에 자극받아 흘린 '자극적 눈물'의 성분이 다르다는 것이다. 분석 결과 '정서적 눈물'에 훨씬 많은 단백질이 함유되어 있었다고 한다.

눈물은 나약한 사람이나 흘린다는 고정관념은 오래전부터 있어 왔다. 통계상으로도 남자보다 여자가 네 배 이상 눈물을 많이 흘린다고 하는데, 이런 이유들 때문인지 남자에게 있어서 눈물은 치명적인 약점이 되기도 한다. 눈물 때문에 정치적 대망을 꺾을 수밖에 없었던 대표적 인물은 1968년 미국 대통령 선거전에 나섰던 에드워드 머스키 상원의원이다. 그는 민주당 후보 지명대회에서 흐느껴 울다가 대중에게 나약하게 비쳐져 밀려나고 말았다. 1972년에도 유세 도중에 눈물을 흘렸고 이로 인해 참패를 경험하였다.

이처럼 눈물에는 양면성이 있다. 눈물은 남을 감동시키기도 하지만 냉담하게도 만든다. 19세기 영국 시인 테니슨의 작품 가운데 "Tears, idle Tears"라는 시가 있다. 보통 '게으르다'는 뜻으로 쓰이는 'idle'을 '덧없다' 혹은 '부질없다'로 번역하기도 한다. 남을 감동시키지 못하는 눈물은 시의 제목대로 '눈물, 부질없는 눈물' 쯤 되지 않을까?

눈물은 기쁠 때, 슬플 때, 화가 날 때 등 어느 때든지 흘릴 수 있다. 가정사역 현장에서는 더더욱 다양한 눈물과 만나게 된다. 미워하는 마음으로 흘리는 눈물, 서러움에 복받쳐 우는 눈물, 그리움에 흘리는 눈물, 미처 발견하지 못했던 사랑을 깨닫고 흘리는 눈물 등 수많은 눈물들이 있다. 한번은 아버러브스쿨에서 한 아버지의 격한 눈물을 보고 깊은 인상을 받았다. 자신의 아버지에게 사랑한다는 말 한마디 하지 못했던 것을 후회하며 애써 흐르는 눈물을 참기 위해 어깨를 들썩이던 중년의 남자. 그의 모습이 이 시대 아버지의 모습이 아닐까 싶었다. 아버지들은 자녀들이 자신의 품에 안겨오지 않는 현실에 고독감을 느끼며 눈물을 덮고 살아간다. 그러기에 지금까지 아버지들은 자신의 눈물을 그 어느 누구에게도 보일 수도 눈물의 의미를 나눌 수도 없었다.

미국의 부통령을 지낸 앨번 바클리(Alben Barkley)는 아홉 살 때의 기억을 회상록에 남겼다. 그의 아버지는 강인한 농부였고, 혼자의 힘으로 많은 농토를 개간한 것을 늘 자랑으로 여겼다. 어느 날 그의 집에 불이 났다. 아버지와 남자들이 모두 밭에 나가 있는 사이에 큰 집이 모두 타 버린 것이다. 강인하게만 보였던 아버지가 뒤뜰에 있는 큰 나무에 기대서 "이젠 끝났다. 이젠 끝났어"라고 중얼거리며 울고 있는 것을 보자 그는 자기도 모르게 함께 따라 울었다고 한다.

그런데 그 이튿날 놀라운 일이 벌어졌다. 이웃에 사는 농부들이 모두 모여서 집을 지어주기 시작했고, 가구와 식량도 가져왔던 것이다. 그날 저녁 어린 바클리는 또 한 번 아버지가 우는 것을 목격했다. 전날에는 불탄 집을 바라보며 울었지만, 그날은 하늘을 우러러보며 "하나님, 감사합니다. 하나님, 감사합니다" 하며 울었던 것이다.

바클리 부통령은 말했다. "아버지는 두 번 울었다. 그 두 번째 눈물은 나의 가정과 바클리 집안의 모든 후손을 축복하는 눈물이 되었다."

아버지가 큰 집을 짓게 된 것이나 많은 농토를 가지게 된 것이 축복이 아니라, 하나님께 감사할 수 있게 된 그 순간부터 자기 집안에 진짜 축복이 시작되었다는 말이다.

남자들이여, 마음껏 울어라. 아버지는 울어서 안 되는 사람이 아니다. 아버지도 울 수 있다. 하나님의 마음으로, 넘치는 사랑으로(고후 2:4) 자녀를 위해 우는 것이 진정 아버지가 흘려야 될 눈물이다. 그런 아버지 밑에서 자라난 자녀는 어긋난 삶을 살 수 없다. 아버지가 흘리는 감사의 눈물과 기도가 있는 가정에는 소망이 있다.

 **남자들만의 싱크 토크**

1. 아버지로서 자녀들을 위해 기도하며 눈물을 흘려본 기억이 있는가? 그 당시 왜 눈물을 흘리며 기도했는지 회상해 보고 기록해 보라.

2. 아버지로서 감동의 눈물을 흘려본 순간이 있는가? 그 순간 무엇이 자신을 감동시켰다고 생각하는가?

Prayer 남자의 기도

하나님 아버지, 눈물이 나약함의 상징이라 생각하고 애써 참으며 살아왔습니다. 자녀들에게조차 눈물을 보이지 않았습니다. 하지만 아이들을 위해 기도하며 흘리는 눈물은 당연한 것임을 깨닫습니다. 아이들을 위해 진정 가슴으로 울 수 있는 아버지가 되게 하옵소서. 예수 그리스도의 이름으로 기도드립니다. 아멘.

하나님 아버지,
저희 가정에 웃음과 대화가 끊이지 않게 해주옵소서.
서로 마음을 열고 이해와 격려로 대화를 나눌 수 있도록 이끌어 주옵소서.
이야기가 통하고 마음이 통하고 믿음이 통해서
행복으로 넘쳐나는 가정이 되기를 소원합니다.
예수 그리스도의 이름으로 기도드립니다. 아멘.

7. 화목한 가정을 지키는 비결

가정의 행복 온도계

"여호와가 우리 하나님이신 줄 너희는 알지어다 그는 우리를 지으신 이요 우리는 그의 것이니 그의 백성이요 그의 기르시는 양이로다 감사함으로 그의 문에 들어가며 찬송함으로 그의 궁정에 들어가서 그에게 감사하며 그의 이름을 송축할지어다 여호와는 선하시니 그의 인자하심이 영원하고 그의 성실하심이 대대에 이르리로다" (시 100:3-5).

"빼앗긴 들에도 봄은 오는가?"라는 말처럼 "감사가 사라진 가정에 행복이 오는가?"라고 묻고 싶다. 신혼의 단꿈은 사라지고 무미건조한 사이가 되어 버린 부부관계, 만나면 잔소리만 쏟아놓게 되는 자녀들과의 관계로 우리 가정은 점점 삭막해지고, 감사가 사라진 그 자리에는 싸늘한 냉기만 감돈다. 그래서 감사는 가정의 행복 온도계와 같다.

감사는 믿음이 있는 자들의 언어다(시 100:4). 그 이유는 내게 닥친 현실을 하나님의 은혜로 재해석하고 감사하게 되기 때문이다(빌 1:3). 행복은 누군가 가져다주는 것이 아니라 하나님께서 내게 허락하신 현실을 감사의 눈으로 바라보게 될 때(대상 23:30) 찾게 되는 숨겨진 보물이다. 웃을 수 있기 때문에 웃는 것이 아니라 웃기 때문에 웃을 수 있는 것처럼, 감사할 수 있는 환경과 조건이 충족되어 감사하는 것이 아니라 고난 가운데서도 감사의 빛줄기를 찾아내 감사할 수 있는 사람이 건강하고 행복한 사람이다.

"감사"(thanks)는 "생각"(think)에서 비롯되었다는 말이 있듯이 생각과 태도가 행복을 결정짓는다. 그래서 감사하는 삶을 살아가기 위해서는 "감사합니다"라는 말보다 감사에 대한 마음을 갖는 것이 더 중요하다. 어떤 상황에 처했을 때 감사할 점들을 먼저 생각하게 되면 굳이 말로 표현하지 않더라도 감사를 실천하고 있는 것이다.

인터넷에 saint라는 아이디를 가진 사람이 쓴 "나는 날마다 행복하다"라는 글이 올라온 것을 보았다. 그 글의 내용은 이러했다.

> 10대 자녀가 반항을 하면 그것은 아이가 거리에서
> 방황하지 않고 집에 잘 있다는 것이고,
> 지불해야 할 세금이 있다면 그것은 나에게 직장이 있다는 것이고,
> 주차장 맨 끝 먼 곳에 겨우 자리가 하나 있다면
> 그것은 내가 걸을 수 있는데도 차가 있다는 것이고,
> 난방비가 너무 많이 나왔다면 그것은 내가 따뜻하게 살고 있다는 것이고,
> 교회에서 뒷자리 아줌마의 엉터리 성가가 영 거슬린다면
> 그것은 내가 들을 수 있다는 것이고,
> 세탁하고 다림질해야 할 일이 산더미라면
> 그것은 나에게 입을 옷이 많다는 것이고,
> 온몸이 뻐근하고 피로하다면 그것은 내가 열심히 일했다는 것이고,

> 이른 새벽 시끄러운 자명종 소리에 깼다면 그것은 내가 살아 있다는 것이다.

이처럼 감사와 불평은 벽에 던지는 공과 같다. 감사를 많이 하는 사람은 매사에 감사할 것을 찾아낸다. 그러나 불평만 하는 사람은 언제나 불평거리만 찾아내며 원망한다(시 37:7).

이처럼 좋지 않은 일들에 대해 집착하기보다 감사할 일들에 관심을 갖는다면 행복을 지키는 가정이 될 수 있다. 믿음의 사람들의 공통점은 불평불만보다는 하나님의 뜻을 구하며 순종한다는 점이다. 이러한 믿음의 태도는 자신에게 베푸신 하나님의 은혜에 대한 감사 없이는 이뤄질 수 없는 태도다.

남자들이여, 가족들이 가져야 할 행복습관이 있다면 감사의 말을 주고받는 것이다. 아버지가 감사를 말하면 자녀들은 내일의 소망을 말할 것이다. 남편이 아내를 향해 감사를 말하면 아내는 남편에게 존경을 표할 것이다. 하나님을 향해 감사를 말하면 하나님은 더 큰 믿음을 선물로 주실 것이다.

 ## 남자들만의 싱크 토크

1. 나는 평소에 감사의 말을 자주 하는가? 아니면 불평불만을 쏟아 놓는가? 가족들과는 감사의 말을 얼마나 자주 주고받는가?

2. 종이 한 장을 펼치고 앞면에는 그동안 하나님께서 내게 베푸신 은혜와 축복들에 대해 써 보고, 뒷면에는 내 아내와 자녀들을 통해 주신 감사의 내용들을 기록해 보자.

Prayer 남자의 기도

하나님 아버지, 가족들과 나누는 대화에서 감사하는 말들이 얼마나 적었는지 깨닫게 되었습니다. 주님께서 베푸신 은혜들로도 감사가 넘쳐나야 하는데, 그것을 잊고 산 저를 용서하옵소서. 감사할 일들을 나누며 행복을 키우는 아버지가 되게 하옵소서. 예수 그리스도의 이름으로 기도드립니다. 아멘.

7. 화목한 가정을 지키는 비결

가족을 향한 축복기도

"여호와를 경외하며 그의 길을 걷는 자마다 복이 있도다 네가 네 손이 수고한 대로 먹을 것이라 네가 복되고 형통하리로다 네 집 안방에 있는 네 아내는 결실한 포도나무 같으며 네 식탁에 둘러앉은 자식들은 어린 감람나무 같으리로다 여호와를 경외하는 자는 이같이 복을 얻으리로다 여호와께서 시온에서 네게 복을 주실지어다 너는 평생에 예루살렘의 번영을 보며 네 자식의 자식을 볼지어다 이스라엘에게 평강이 있을지로다"(시 128편).

아이들의 성장과 함께 떠오르는 것 중의 하나가 기도다.

부모가 되면 아이들을 위해 무엇을 해줄 수 있는가 늘 생각한다. 그리스도인 부모라면 자녀들에게 가장 필요한 것이 '기도'라는 것을 알 것이다. 나는 매일 저녁이 되면 잠들기 전에 자녀들과 함께 모여 앉아 축복기도를 한다. 한 아이, 한 아이 기도하다 보면 마음이 행복하고 뿌듯해진다. 아이들을 향한 하나님의 음성이 기도 가운데 나의 가슴속에 울려 퍼지기 때문이다. 하나님께서는 기도 가운데 아이들을 향한 마음을 갖게 해주신다. 그래서 저녁에 집회를 끝내고 늦게 들어가는 날에도 전화로 축복기도를 하고 해외 출장 중에도 집에 전화해 축복기도로 하루를 마감하도록 한다. 그래서 우리 아이들은 전화기 앞에 모여 앉아 기도하는 것이 익숙하다. 내가 자녀들을 향한 축복기도를 게을리 하지 않는 것은 "내 아버지여 내게 축복하소서 내게도 그리하소서"(창 27:34)라고 외쳤던 에서의 안타까운 외침을 보면서 자녀들을 위한 축복이 얼마나 고귀한 것인지 깨달았기 때문이다. 부모의 축복기도는 자녀들이 부모를 통해 받을 수 있는 최고의 선물이다.

가정은 기도로 세워질 수 있어야 한다. 하나님의 은혜 없이는 자녀들이 믿음 안에서 성장할 수 없고 하나님의 말씀 없이는 가족 모두가 나아갈 삶의 목표를 바로 세우기 어렵다. 기도는 하나님의 은혜의 통로다. 기도가 사라진 가정은 동맥경화와 같은 영적 현상을 경험하기 쉽다. 기도하는 일이 쑥스럽고 부담스러울 정도의 가족관계라면 행복하다는 말을 할 수 없을 것이다. 기도로 세워지는 가정은 행복이 넘쳐날 것이기 때문이다.

자녀들을 기도로 세우기 위해서는 서로를 축복하는 문화를 가져야 한다. 가정에서 서로를 격려하고 축복하는 것은 가정을 하나님의 나라로 세워가는 일이다. 가족과 함께 둘러 앉아 자신이 받고 싶은 축복과 가족들에게 하고 싶은 축복을 이야기함으로써 하나님의 은혜에 대한 가족들의 생각을 나누는 시간을 갖는 것이 좋다.

서로를 축복하고 안아주는 것이야말로 기도로 세우는 가족들의 행복한 습관이 될 수 있다. 예수님도 어린아이들을 축복하실 때 그들을 팔에 안으셨다. 포옹은 있는 모습 그대로 받아들인다는 강한 표현이며, 가족들의 마음 문을 열게 하는 방법이 된다.

가정은 이 땅에서 경험하는 하나님의 나라다. 그런데 현대 가정은 하나님 나라를 위한 삶보다는 이 땅에서의 가치를 위해 더 많이 이야기하고, 기도하며 성경 읽을 시간을 갖지 못한다.

남자들이여, 그대의 자녀들이 좋은 학원에 다니고 열심히 공부해서 좋은 학교에 가면 성공한 인생이라고 생각하는가? 그러나 아무리 좋은 학교 졸업장을 갖고 많은 연봉을 받는다 하더라도 날마다 하나님의 은혜를 경험하지 못한다면 곤고한 인생을 살 수밖에 없다. 자녀들이 좋은 실력으로 사회에서 영향력을 미칠 뿐만 아니라 영적으로도 건강하기를 소망하자. 믿음의 가정은 어느 날 갑자기 이뤄지는 것이 아니라 하루하루 기도와 사랑으로 세워지는 것이다. 그래서 행복한 가정의 매일매일의 양식은 기도와 말씀이다.

 ## 남자들만의 싱크 토크

1. 나는 아버지로서 자녀들을 위해 정기적으로 기도하는 시간을 갖고 있는가?

2. 내 가족들의 기도제목을 알고 있는가? 오늘이라도 당장 가족들에게 기도제목을 물어보고 적어 놓으라. 기도제목을 나누는 순간 가족들과 영적 교제의 축복을 누리게 될 것이다.

남자의 기도

하나님 아버지, 기도는 하나님의 은혜의 통로이자, 하나님의 마음과 생각이 성령의 도우심을 통해 우리의 삶 가운데로 임하는 시간임을 깨닫습니다. 매일 가족들을 위해 기도하고 그들의 마음을 살피는 아버지가 되게 하옵소서. 예수 그리스도의 이름으로 기도드립니다. 아멘.

7. 화목한 가정을 지키는 비결

믿음의 유산, 가정예배

"그러므로 형제들아 내가 하나님의 모든 자비하심으로 너희를 권하노니 너희 몸을 하나님이 기뻐하시는 거룩한 산 제물로 드리라 이는 너희가 드릴 영적 예배니라"(롬 12:1).

"…보라 자식들은 여호와의 기업이요 태의 열매는 그의 상급이로다 젊은 자의 자식은 장사의 수중의 화살 같으니 이것이 그의 화살통에 가득한 자는 복되도다…"(시 127).

성경은 "자식들은 여호와의 주신 기업이요 태의 열매는 그의 상급이로다"(시 127:3)라고 말한다. 부모는 자녀의 세계관이지만 부모에게 자녀는 인생의 열매인 것이다.

농부가 밭에 씨를 뿌리고 열매를 거두기까지 흘리는 수고와 땀은 이루 헤아릴 수 없다. 그러나 농부의 수확은 농부만의 노력의 결과가 아니다. 하나님께서 주신 햇살과 비와 비옥한 토지 위에 노력한 결과다. 자녀 농사도 마찬가지다. 내 노력과 관심으로 자녀들이 잘 자라는 것이 아니다. 농부가 잠을 자는 순간에도 하나님께서 대지를 살피듯이 부모도 자녀들의 마음이 하나님과 함께할 수 있도록 도와야 한다. 이런 의미에서 가정예배야말로 아이들과의 관계 속에서 잃어버렸던 대화를 회복하고 친밀감을 높여주며 냉랭한 가정을 화목으로 이끌어낼 수 있는 가장 좋은 방법이다.

　청교도 지도자들 중 한 사람인 윌리엄 퍼킨즈나 리처드 십스 목사는 가정을 일종의 '작은 교회'라고 했다. 윌리엄 구지 목사는 "가정은 꿀이 저장되는 교회와 국가의 신학교"이며, "다스림과 복종의 제일 원리와 근본을 학습하는 곳"이라고 하였다. 리처드 백스터 목사도 "기독교 가정은 교회이며, 하나님을 더 잘 경배하고 섬기기 위해 조직된 기독교인들의 사회"라고 규정했다. 가정은 교회 강단에서 외쳐지는 말씀을 구현하는 현장이요, 그 선포된 말씀이 사회 구석구석에서 열매를 맺도록 다져지는 실습장이다. 따라서 교회의 가르침은 가정으로 이어져야 하며 가정에서의 교육은 삶의 터전에서 꽃을 피워야 한다. 이때 가장 구체적인 믿음의 삶의 증거 중 하나가 가정예배다.

　하나님께서 세상을 창조하신 이후에 가장 먼저 조직한 것이 있다면 그것은 바로 가정이다. 가정은 하나님의 창조원리에 속한 것이며, 인간에게 주신 문화명령, 즉 "생육하고 번성하라 그리고 땅을 정복하고 다스리라"는 하나님의 명령을 실현하는 창구다. 하나님을 경외하며 그분의 영광을 드러내는 가장 기초적인 단체가 가정이다. 가정은 신앙훈련장이요, 창조주 하나님과의 교통이 우선적으로 이루어지는 현장이다. 한 아이가 태어나면 그 아이는 교회에 오기 전에 이미 하나님께 감사와 영광을 돌리는 부모로부터 하나님을 듣게 된다. 따라서 가정은 '그리스도의 학교'이며, 우리에게 필요한 모든 덕목을 습득하고 영적 훈련을 실습하게 하는 터전이다. 우리는 하나님을 어떻게 섬기는 것이 바른 것인지, 이웃을 내 몸과 같이 사랑하는 것이 무엇인지를 가정예배를 통해 구체적으로 나눌 수 있어야 한다.

남자들이여, 자녀들에게 남겨야 할 유산이 있다면 그것이 바로 믿음임을 알고 있는가? 믿음은 평생을 두고 보여 주고 함께하며 물려주는 전통이요, 문화다. 주저하지 말고 가정예배를 시작하자. 가르치려 하지 말고 우리가 만난 하나님의 은혜를 나누고 가족들이 말씀 앞에서 화목과 소망을 이루는 행복한 믿음의 명문가를 세워 보자.

 **남자들만의 싱크 토크**

1. 우리 집에서는 가정예배를 드리고 있는가? 만약 가정예배를 드린다면 어떻게 드리고 있는가?

2. 가정예배를 통해 우리 가정에 변화가 생겼다면, 어떤 것이 있는지 생각해 보자.

Prayer 남자의 기도

하나님 아버지, 가정이 믿음을 키우는 터전이 되고, 하나님의 말씀을 구현하는 아름다운 곳이 되게 하옵소서. 우리 가정이 그리스도의 학교로 바로 서고 자녀들에게 믿음의 유산을 남길 수 있게 하옵소서. 예수 그리스도의 이름으로 기도 드립니다. 아멘.

7. 화목한 가정을 지키는 비결

통(通)하는 가정

"온순한 혀는 곧 생명 나무이지만 패역한 혀는 마음을 상하게 하느니라"(잠 15:4).

오늘날 수많은 가정들이 대화가 단절된 채 살아간다. 대화가 사라진 가정은 행복동맥경화증세가 곧바로 나타난다. 가족들과 함께하는 즐거움이 사라지고 고작 몇 마디 오가는 대화에도 가시가 돋치고 상처만 남긴다. "사랑해"로 시작된 가정이 시간이 흐를수록 조용한 가족이 되는 것이다.

행복은 입과 귀가 좌우한다는 말이 있다. 행복한 가정은 대화를 통해 차이를 극복하고 조화와 일치를 이뤄간다. 대화에 있어서 중요한 것은 환경이다. 가정마다 신뢰와 친밀감의 정도에 따라 대화 분위기는 많이 달라진다. 친밀감을 나타내는 'intimacy'라는 단어는 'into-me-see'(내 속을 들여다보다)라는 의미를 갖는다. 대화는 정보를 나누는 방식 이전에 서로의 마음을 헤아려 주는 일이 더 중요하다.

가정 안에서 이뤄지는 대화를 살펴보면 자신들이 하고 싶은 말만 하고 듣고 싶은 것만 듣는다. 이런 대화 속에서는 행복동맥경화증세가 강화될 수밖에 없다. 마음과 생각이 통하지 않기 때문이다. 왜 부부들은 서로 말이 통하지 않는다고 할까? 그것은 말하는 사람이 없어서가 아니라 나를 행복하게 만들어 주는 말을 상대방의 말 속에서 찾을 수 없기 때문이다. 가족 어느 누구도 나를 격려하거나 이해하거나 애정과 관심이 담긴 말들을 해주지 않기 때문이다.

사람들은 대화 가운데서 자신이 원하는 말을 찾는다. 그러나 기대했던 말들이 나오지 않으면 "시비걸기와 담쌓기와 외면" 하는 말들을 거침없이 쏟아놓고, 결국은 등을 돌리는 관계가 되고 만다. 쏟아지는 언어의 홍수 속에서 나를 행복하게 만들어 줄 말들을 찾지만 홍수에 마실 물 없는 것과 같은 처지에 놓여 있다. 가족들과 정감 있는 대화가 오가고, 그 가운데서 서로 마음과 생각이 통하면 그것이 행복으로 통하는 길이 된다. 그래서 통(通)하는 가족은 행복하다.

남자들이여, 큰소리치지 말고 가족들을 큰 소리로 웃게 하라. 명령하는 목소리보다는 마음을 풀어 주고 위로할 수 있는 행복 언어를 연습하라. 때때로 적절한 말을 찾을 수 없을 때에는 마음을 담은 표정으로 공감하고, 밝은 미소로 가족들에게 힘을 불어 넣으라. 아버지의 말 한마디가 가족의 미래를 좌지우지함을 잊지 말자.

 남자들만의 싱크 토크

1. 가족들과 어느 정도의 대화를 나누고 있는가? 내가 먼저 가족들과 마음을 열고 대화를 나눌 준비가 되어 있는가?

2. 가족들의 생각과 마음을 공감하고 이해하려는 노력들을 해보았는가? 긍정적인 대화를 나눌 때에 내 가정이 어떻게 변할 수 있겠는가? 가족들이 함께 노력할 수 있는 부분들은 어떤 것들이 있을지 구체적으로 생각해 보자.

Prayer 남자의 기도

> 하나님 아버지, 저희 가정에 웃음과 대화가 끊이지 않게 해주옵소서. 서로 마음을 열고 이해와 격려로 대화 나눌 수 있도록 이끌어 주옵소서. 이야기가 통하고, 마음이 통하고, 믿음이 통해서 행복으로 넘쳐나는 가정이 되기를 소원합니다. 예수 그리스도의 이름으로 기도드립니다. 아멘.

하나님 아버지, 돈은 거룩의 척도라고 합니다.
하지만 정작 제 자녀들에게는 공부를 잘해 성공해야 한다고 말하면서
돈을 거룩하게 사용하는 법과 정직하게 수입을 얻는 법,
또 나누며 사는 즐거움을 가르치지 못했습니다.
저희 자녀들이 돈의 노예가 되지 않게 하옵소서.
예수 그리스도의 이름으로 기도드립니다. 아멘.

8. 하나님이 세우시는 우리 집 살림살이

진짜 부자로 사는 것

"그는 종일토록 은혜를 베풀고 꾸어 주니 그의 자손이 복을 받는도다"(시 37:26).
"은혜를 베풀며 꾸어 주는 자는 잘 되나니 그 일을 정의로 행하리로다"(시 112:5).
"가난한 자를 불쌍히 여기는 것은 여호와께 꾸어 드리는 것이니 그의 선행을 그에게 갚아 주시리라"(잠 19:17).

어린 시절을 되돌아보면 생각나는 풍경 가운데 하나가 환갑잔치다. 동네에서 큰 잔치 중의 잔치였던 환갑잔치는 장수의 상징이었고, '축복받은 인생'임을 넌지시 말해 주는 일종의 공개적인 선언이었다. 온 동네가 떠들썩하게 60세가 된 것을 축하해 주었다. 누구나 잔치에 참여하여 흥을 북돋웠다.

부모님 환갑에 맞춰 자녀들은 서둘러 결혼했고 손자들과 함께 절 올리는 것을 큰 효도로 여겼다. 그러다 보니 저출산 문제가 생길 이유도 없었다. 결혼해서 자식 낳는 것이 필수조항이던 시대였기 때문이다. 그런데 요즘에는 환갑잔치에 오라는 말을 듣는 것조차 쉽지 않다. 요즘 60세는 노인정에 가면 어린아이 취급을 받고 직장에서는 천연기념물이 된다.

요즘 은퇴한 세대는 20년 동안 공부해서 30년 동안 일한 다음 20년 간 은퇴 이후의 삶을 보내고, 지금 한창 일하고 있는 세대는 30년 동안 공부해서 20년 동안 일한 다음 30년 동안 은퇴 이후의 삶을 보낸다고 한다. 그래서 더더욱 노후를 위한 자금이 절실해지고, 그때를 위해 돈 모으는 일을 중요하게 생각한다.

그러나 40대 직장인들은 이구동성으로 말한다. "빠듯한 월급으로 먹고 살기도 버거운데 경기까지 안 좋아 회사 분위기도 나쁘고, 노후는커녕 언제 잘릴지 몰라 매일 걱정이다. 당장 아이들 교육문제도 어떻게 해야 할지 모르겠다. 노후를 이야기하는 것 자체가 사치다." 따라서 노후자금은 강 건너 불구경이요, 딴 나라 이야기로 생각하는 사람들도 있다.

세상에 돈에 매이지 않고 편안하게 사는 사람들이 얼마나 될까? 부자는 부자로 계속 살기 위해 온갖 수단을 다 동원한다. 없는 서민들은 좀 더 벌어보겠다고 몸부림을 친다. 어떻게 보면 돈에 자유로운 사람은 없다. 좀 더 많은 돈을 모으기 위해 자신의 진정한 삶의 질을 포기해 버린다. 그러나 우리에게 필요한 것은 더 많은 돈이 아니라 더 많은 감사다(빌 4:11). 그리고 치열한 삶 속에서 꿈을 이뤄가는 노력이다. 은퇴 후 노후자금을 모을 수 없다면 할 수 있는 만큼만 저축하면서 살아보자. 안 되는 것을 고민하거나 걱정하지 말고 현실을 받아들이며 행복하게 사는 법을 찾아 보자.

중년 이후 남자들이 부자로 사는 법이 있다. 첫 번째로 '마음의 부자'가 되어 보는 것이다. 소소한 것들로 가득 찬 일상을 감사하고, 나와 함께한 사람들에게 밝은 미소로 보답해 보라. 그러면 이내 풍성한 마음의 부자가 되어 있을 것이다. 아무리 많은 돈을 가져도 마음이 행복하지 못하면 물질만 많은 사람이 될 수 있다.

두 번째로 '꿈의 부자'가 되는 것이다. 돈이 있어서 꿈을 꾸는 것이 아니다. 오히려 어느 상황에서든지 꿈을 꾸고 꿈을 이뤄갈 때 인생은 즐겁고 행복한 것이 된다. 배우자와 함께 가까운 미래에 이룰 수 있는 일들부터 찾아서 소박한 꿈을 튼실하게 가꿔 보자.

세 번째로 '나눔의 부자'가 되는 것이다(시 37:26). 내가 나눠 줄 수 있는 것들만 나눠 주면 된다(잠 19:17). 내게 없는 것은 다른 사람이 나눠줄 것이다. 누군가에게 나의 시간과 지식과 물질을 나눠 주는 일은 해보지 않은 사람은 그 기쁨을 알지 못한다.

어느 누구도 돈을 생각하면 부자가 될 수 없다. 왜냐하면 돈을 따라 사는 인생은 바닷물을 들이키며 사는 인생과 같아서 항상 목마르고 부족하기 때문이다.

남자들이여, 중년 이후에는 풍성한 마음으로 꿈을 이뤄가며 자신이 갖고 있는 것들을 나누는 부자가 되자. 돈의 노예가 되지 않고 사는 동안 어느새 우리는 진짜 부자로 서 있게 될지 모른다.

 ## 남자들만의 싱크 토크

1. 나는 지금까지 어떤 목표를 위해 일하고 돈을 벌었는가? 단지 더 많은 돈을 모아 부자가 되기 위한 것이었는가?

2. 마음의 부자, 꿈의 부자, 나눔의 부자로 살기 위해 내가 할 수 있는 일들은 어떤 것이 있을지 생각해 보자.

남자의 기도

하나님 아버지, 더 많은 돈을 벌어 물질적으로 풍족한 부자가 되려고 일했습니다. 그러나 진짜 부자는 하나님이 말씀하시는 마음의 부자, 꿈의 부자, 나눔의 부자임을 깨닫게 됩니다. 주님, 돈의 노예가 되지 않고 주님의 부어 주신 은혜를 나누며 사는 자가 되게 하옵소서. 예수 그리스도의 이름으로 기도드립니다. 아멘.

8. 하나님이 세우시는 우리 집 살림살이

부자병에서 벗어나라

사람이 하나님께서 그에게 주신 바 그 일평생에 먹고 마시며 해 아래에서 하는 모든 수고 중에서 낙을 보는 것이 선하고 아름다움을 내가 보았나니 그것이 그의 몫이로다 또한 어떤 사람에게든지 하나님이 재물과 부요를 그에게 주사 능히 누리게 하시며 제 몫을 받아 수고함으로 즐거워하게 하신 것은 하나님의 선물이라(전 5:18-19).

대부분의 남자들이 결혼하면서 아내에게 하는 말이 있다. "내가 평생 당신을 사랑하고, 당신 호강시켜 줄게!" 표현은 달라도 그 말이 그 말이다. 돈은 행복한 가정생활을 위해 그리고 영향력 있는 삶을 살기 위해서 꼭 필요하다. 그러나 돈이 올무가 된다면 이 모든 가치들도 결국 나쁜 올무로 전락하게 된다. 가장 한 사람의 월 소득 200만 원으로 내 집 마련에 성공한 가정이 있는가 하면, 부부의 월 소득이 1000만 원에 달해도 늘 빚에 허덕이는 경우도 있다.

신세대 맞벌이 부부는 젊은 나이에도 8억 원대의 아파트를 소유하고 있지만 돈 걱정 때문에 한숨이 끊이지 않는다. 이 한숨의 이유인 2억 원에 달하는 빚은 주택 구입비가 아닌 생활비 용도로 사용한 돈이라는 것이다. 월 소득은 두 사람 합쳐서 500만 원 정도인데 지출 규모는 800만 원을 넘어선다. 그나마 부모님으로부터 물려받은 아파트가 있어 저리로 '대출'을 받아 사용하고 있다. "나름 꼭 필요한 데만 쓴다고 생각하는데 지출은 쉽게 줄지 않고 갈수록 빚이 늘어나 걱정"이라고 하소연한다.

여러 곳에 슈퍼마켓을 운영하고 상가 또한 많이 갖고 있는 한 중년 남자가 우울증에 시달린다. 이유는 대출로 구입한 부동산 때문에 매일 매일 은행에 고액의 이자와 원금을 상환해야 하기 때문이다. 재산은 많아 보이지만 재산으로 인한 행복도, 누리는 즐거움도 없는 안타까운 부자가 된 것이다. 사람들은 문제의 원인이 돈을 충분히 벌지 못한 데서 비롯되었다고 생각하지만 사실은 그렇지 않다. 충분한 돈을 벌지 못한 것이 아니라, 너무 많은 것을 원하는 것이 문제다. 필요 이상으로 많은 물질을 소유하고 싶어하는 탐욕이 그 원인이다. 물질적인 풍요로움은 있지만 행복이 말라버린 가정이 얼마나 많은가? 탐욕의 폐해를 알면서도 이로 인해 많은 근심과 질병과 분노가 가득 찬 인생을 살아서는 안 된다.

솔로몬은 "노동자는 먹는 것이 많든지 적든지 잠을 달게 자거니와 부자는 그 부요함 때문에 자지 못하느니라"(전 5:12)고 말한다. 물질에 초점을 맞출 때 우리는 반드시 염려하게 된다. 더 많이 가질수록 염려할 것이 더 많아진다. "어떻게 하면 내 것을 보호할까? 어떻게 내 것을 모을까? 어떻게 투자할까? 어떻게 지킬까? 어떻게 세금을 줄일까? 어떻게 해야 잃어버리지 않을까?" 더 많이 가질수록 염려할 것이 많아지는 것이다. 옛날에는 모든 집들이 열쇠를 잠그는 것은 고사하고 문고리에 숟가락 하나만 걸어놓고도 두 다리 뻗고 잠을 잤다. 하지만 현대는 철문에 두어 개의 자물쇠와 보안 시스템까지 해야 안심하고 잠을 잘 수 있게 되었다. 많은 것들을 가진 만큼이나 많은 염려 또한 갖게 된 것이다.

남자들은 인생의 성공을 재물의 많고 적음과 동일시할 때가 많다. 부자병에 걸려 허덕이는 인생을 살 것이 아니라 참된 부자로 살아야 한다. 전도서는 참된 부자인생에 대한 비결을 제시해 준다. "또한 어떤 사람에게든지 하나님이 재물과 부요를 그에게 주사 능히 누리게 하시며 제 몫을 받아 수고함으로 즐거워하게 하신 것은 하나님의 선물이라"(전 5:19). 작은 것을 가지고도 행복을 이루는 사람이 있고, 많은 것을 가지고도 염려와 두려움의 포로로(마 6:22-32), 탐욕의 종으로 살아가는 사람이 있다. 돈을 위해, 돈을 많이 모으기 위해 살아야 한다고 성경은 한 번도 말한 적이 없다. 오히려 돈은 꼭 필요하지만 하나님의 나라와 영광을 위해 살아가는 자에게 하나님께서 주시는 선물이라고(마 6:33 ; 전 5:19) 말씀한다. 전도서를 기록한 솔로몬은 온갖 부귀영화를 다 경험한 뒤 "돈은 하나님의 선물이기 때문에 누리고 즐거워해야"한다고 말했다. 그는 가진 자도 영원히 가질 수 없고(전 5:13-14), 모든 인생은 공수래공수거(空手來 空手去)이기에 바람을 잡는 수고를 한다면 많은 근심과 질병과 분노가 있을 것(전 5:15-17)이라고 교훈한다. 남자들의 재물에 대한 성공은 많이 가진 자의 몫이 아니라 재물을 하나님의 선물로 여기며 누리고 즐거워하며 사는 것이라고 솔로몬은 정의한다. 더 많은 것을 갖고 더 집착하는 것이 아니라, 주신 것들을 누리고 즐기며 살 줄 아는 것이 참된 부자의 삶인 것이다.

남자들이여, 그대는 재물과 부요를 하나님의 선물로 받았다고 믿는가? 그렇다면 그대는 하나님의 선물을 어떻게 사용하고 있는가? 매달 가장 높은 지출내역은 무엇이고, 가장 낮은 지출내역은 무엇인가? 정직한 수입도 중요하지만 행복한 지출도 중요하다. 특히 하나님이 기뻐하시는 선한 일에 쓰는 것도 잊지 말아야 할 지출내역이다. 행복한 가정과 즐거운 신앙생활은 물질에 매달려 사는 부자병의 예방백신이다. 움켜쥐려는 부자병 환자가 아니라 없어도 즐거워하고 감사할 수 있는 참된 부자가 되자.

 **남자들만의 싱크 토크**

1. 돈을 많이 모으기 위해 사는 것을 솔로몬은 '바람을 잡는 수고'(전 5:16)에 비유했다. 혹시 돈을 모으려다 많은 근심과 질병과 분노를 경험해 본 적이 있는가?

2. 내가 생각하는 부자는 어떤 사람인가? 참된 부자로 살기 위해 바꾸어야 할 생각이나 생활습관은 무엇인가?

남자의 기도

하나님 아버지, 돈이 많아야 행복하고 성공한 남자라고 생각했습니다. 나의 소유는 항상 부족하다고만 생각했기에 일상 속에서 감사가 없었습니다. 많은 것을 소유하기보다 욕망과 근심을 내려놓고 내게 주신 하나님의 선물을 누리고 즐기게 하여주옵소서. 예수 그리스도의 이름으로 기도드립니다. 아멘.

8. 하나님이 세우시는 우리 집 살림살이

정결하게 살아가려면

"…제사장은 자기의 옷을 빨고 물로 몸을 씻은 후에 진영에 들어갈 것이라 그는 저녁까지 부정하리라 송아지를 불사른 자도 자기의 옷을 물로 빨고 물로 그 몸을 씻을 것이라 그도 저녁까지 부정하리라 이에 정결한 자가 암송아지의 재를 거두어 진영 밖 정한 곳에 둘지니 이것은 이스라엘 자손 회중을 위하여 간직하였다가 부정을 씻는 물을 위해 간직할지니 그것은 속죄제니라…"(민 19:1-10).

사람은 누구나 공짜를 좋아한다. 정해진 월급보다 뇌물이 많은 직업을 선호하는 이들도 있다. 그래서 옛날에는 권력을 가진 자리에 올라가고 싶어 했다. 이런 사람들은 뇌물마저도 자신의 능력으로 착각한다. 한국에서 사업을 하는 것은 마치 담장 위를 걸어가는 것처럼 위험하고 아슬아슬하다고 한다. 선과 악의 경계선에 서 있는 모습과 같기 때문이다. 조금만 치우치면 언제든지 불법과 탈세의 길로 갈 수 있다. 상황이 이렇다 보니 선하고 바른 길을 가며 사업에 성공하기란 하늘의 별 따기처럼 어렵다. 그렇다고 합리화될 수 있는 죄악은 없다.

남자들에게 있어서 이런 죄악의 지뢰밭을 안전하게 뚫고 지나가기란 더없이 어렵다. 간혹 인생을 쉽게 사는 것처럼 보이는 사람도 알고 보면 나름대로 힘겨운 인생을 살아간다. 그러나 힘들기 때문에 잘못 살아도 된다고 어느 누구도 말할 수 없다. 혹시 잘못된 일들을 행하면서 "가족들을 위해서" 어쩔 수 없었다고 생각했던 적은 없었는가? 나에게는 잘못된 일을 할 수밖에 없는 타당한 이유가 있다고 생각하는 자기합리화에 빠지지는 않았는가?

경건한 그리스도인으로 산다는 것은 내 안에 있는 잘못된 습관과 죄악들을 스스로 하나님 앞에서 문제 삼으며 사는 것이다. 특히 돈에 있어서 정결한 삶을 살아야 한다. 깨끗한 돈을 가지고 있어야 하는 것이다. 돈은 거룩의 문지기와 같다. 정결하고 온전하게 살지 못한 자신의 삶을 바로잡기 위해 회개를 통한 변화와 성숙의 길로 나아가는 것이 경건한 남자의 삶이다. 스스로를 온전하다고 여긴다면 그 자체가 교만이다.

민수기 19장에서 온전하여 흠이 없고 아직 멍에를 메지 아니한 붉은 암송아지 제물은 바로 죄로 죽어야 하는 나 자신을 대신하는 것이다. 나의 죄와 허물을 대신하여 흠 없는 암송아지가 제물로 드려지는 것이다. 이러한 정결예식에는 한 가지 더 중요한 서약의 의미가 있다. 이렇게 나의 죄를 대신해 죽는 암송아지처럼 내가 죄를 범하였을 때 나도 이와 같이 죽을 것이라는 생명의 서약이 동시에 이뤄지는 것이다. 속죄제는 지난날의 죄악에 대한 회개와 미래에 다가올 죄에 대해 승리하겠다는 생명의 서약이다. 경건한 남성이라면 민수기 19장의 사건을 예수 그리스도가 대속의 십자가를 지기 전에 있었던 과거의 사건으로 생각해서는 안 된다. 지금 내가 속죄제를 드리는 것처럼 회개하고 결단하고 있는지를 스스로 엄격하게 점검해 보아야 한다.

많은 남자들은 죄에 대해 무감각해져 있다. 이중장부와 가짜 영수증을 첨부하여 청구하는 일, 야근 시간을 가짜로 기록하여 수당을 받는 일 등 일상 속에서 일어나는 죄에 대해 무감각해져 있으며 자신의 욕구를 따라 살아간다. 오늘날 속죄제를 드리고자 하는 심정이 사라졌고, 자신의 죄에 대해 스스로 문제 삼고자 하는 마음을 갖지 못한다. 이것은 분명 남자들의 위기다. 스스로 고장 난 브레이크와 핸들 없는 자동차를 운전하면서도 '나는 괜찮아', '세상을 이렇게도 살아보는 거야'라며 무모한 인생을 살고 있다.

남자들은 매일의 삶을 속죄제를 드리는 심정으로 살아가야 한다. 예수 그리스도의 대속사건을 나를 위한 사건으로 받아들이고 고백하며 자신을 정결하게 하기 위한 삶을 살아야 한다. 매일 목욕은 하면서 나의 마음을 깨끗하게 하는 일들은 쉽게 잊어버린다. 스스로 생각해 보자. 오늘 나의 삶은 어떠했으며 나는 하나님의 말씀에 얼마나 합당한 생각과 행실을 가졌는지. 이렇게 점검하고 또 점검하며 나를 새롭고 정결하게 만들어야 한다.

남자들이여, 혹시 거울 속에 비친 나의 정결한 외모를 보면서 흡족해 했는가? 말씀의 거울을 통해 나의 마음과 생각도 비춰 보라. 오늘 나의 대화, 나의 생각 중에서 하나님이 기뻐하실 수 있었던 것은 몇 퍼센트

나 될까? 나의 지갑은 나의 기도만큼 정결할까? 매일 매일 나의 마음과 생각, 행동을 점검하자. 어긋난 인생이라면 되돌아올 수 없는 지점에 이르기 전에 되돌려 놓자. 마치 매일 목욕하듯 나의 일상을 정결하게 하자. 정결한 영혼은 아름답고 복되다.

 ## 남자들만의 싱크 토크

1. 나의 삶은 얼마나 정결한가? 나의 마음과 생각, 돈, 인간관계, 소소한 일상까지 꼼꼼히 점검해 보라.

2. 나는 흠 없는 송아지를 제물로 드리듯 매일 속죄제를 드리고 있는가? 나를 깨끗하고 정결하게 하기 위해 어떤 노력을 하고 있는가?

남자의 기도

하나님 아버지, 세상 속에서 묻은 때들을 벗기고, 매일 속죄제를 드리며 저 자신을 정결하게 하도록 이끌어 주옵소서. 특히 돈 문제에 있어서 정결하고 깔끔한 사람이 되게 하시고, 잘못된 습관과 죄악에 타협하지 않도록 도와주옵소서. 예수 그리스도의 이름으로 기도드립니다. 아멘.

8. 하나님이 세우시는 우리 집 살림살이

경제교육, 가정에서 시작합시다

"우리 하나님 여호와여 우리가 주의 거룩한 이름을 위하여 성전을 건축하려고 미리 저축한 이 모든 물건이 다 주의 손에서 왔사오니 다 주의 것이니이다"(대상 29:16).

자신의 딸이 무분별하게 신용카드를 사용해 거액의 빚을 지자 이를 고민하던 50대 가장이 스스로 목숨을 끊었다. 20대 2명이 2,000만 원 때문에 병원장을 살해했는가 하면, 1,000만 원을 빚진 대학 휴학생은 차량방화로 자살을 기도하면서 애꿎은 사람들에게 피해를 입혔다. 이처럼 카드 빚이 사회문제로 제기된 것은 비단 어제 오늘의 일은 아니다. 무분별한 카드 사용, 과다한 지출이 불러온 가정경제 파산은 믿음 파산, 가족사랑 파산으로 이어지고 있다. 10명 중 한 사람이 파산 위기에 직면해 있다고 한다. 이러한 문제들은 사실 사회문제 이전에 가정에서 바로잡았어야 할 문제였다.

하나님은 부(副) 자체를 거부하지 않으신다. 하지만 크리스천들을 행복하게 만들어 주어야 할 돈과 신용카드가 불행의 원인이 되고 있다.

작은 염가 상품 판매점으로 시작해 세계에서 가장 큰 규모의 소매점인 월마트의 창립자 샘 월튼은 그의 자서전에서 어린 시절을 이렇게 회고했다. "나는 아주 어린 나이부터 아이들도 가족에게 도움을 주고, 그저 돈을 쓰는 사람이 되기보다는 가계에 기여하는 사람이 되는 것이 중요하다고 배웠다. 물론 그 과정에서 우리는 1달러를 손에 넣기 위해 얼마나 많은 일을 해야 하는가를 깨달았고, 그렇게 했을 때만이 어떤 가치를 지닌다는 것도 배울 수 있었다. 내 어머니와 아버지간의 완벽한 공통점이 하나 있다면, 그것은 돈에 대한 두 사람의 태도였다. 그들은 정말이지 돈을 낭비하지 않았다. 혼자서 무엇인가를 할 수 있을 준비가 되었을 무렵, 나는 이미 1달러 가치의 중요성을 강하고 깊게 인식하고 있었다."

작은 것의 소중함을 아는 사람이 큰 것을 관리할 능력이 있다. 성경은 작은 것에 충성하라고 말씀한다. 적절한 액수의 용돈을 정기적으로 주어 소비 욕망을 조절할 능력을 키워주거나, 선한 행실의 결과를 돈으로 지불하여 선한 의도와 성실보다 돈에 가치를 두게 하지 말며, 용돈기입장을 사용하여 돈 관리 능력을 키워 주고, 자신의 용돈 중에서 저축을 생활화하고 십일조를 하도록 하는 등 여러 가지 방법이 있다. 꼭 잊지 말 것은 자녀들의 마음에 사랑이 결핍되어 물질에 대한 욕망에 사로잡히지 않도록 해야 한다. 우리 집에는 값비싼 물건을 자녀들이 갖기 원하면 물건 값의 50%를 절약해서 스스로 모아야 한다. 자신의 희생없이 어떤 것이든 소유할 수 없다는 가족 원칙 때문이다. 그래서 자녀들은 스스로 절약하고 돈을 모은다. 부모는 자녀들의 노력을 존중하고 자녀들이 돈을 모으는 동안 돈의 가치와 꼭 가져야 할 물건인지에 대해 고민하는 과정을 제공해 준다. 그래서 우리 집에는 자녀들이 함부로 물건을 사거나, 물건을 사용하지 않고 방치하거나 버리는 일이 없다.

다윗의 평생 소원은 성전 건축이었다. 하나님과 함께한 다윗의 인생은 많은 물질의 축복을 받았다. 솔로몬은 아버지 다윗의 엄청난 재물을 유산으로 받았다. 그런데 솔로몬은 재물로 인하여 실패하지 않았다. 아버지의 유언대로 성전 건축을 해냈고 평안한 왕으로 살았다. 자녀에게 경제교육을 잘 시킨 사람이 다윗이다. 인생의 지침서라 할 수 있는 전도서를 읽다 보면 솔로몬의 재정관을 많이 발견할 수 있다. 오늘 다윗은 헤아릴 수 없는 엄청난 재물들에 대해 "천지에 있는 것이 다 주의 것"(대상 29:11), "부와 귀가 주께로 말미암고 또 주는 만물의 주재가 되사"(대상 29:12), "모든 것이 주께로 말미암았사오니 우리가 주의 손에서 받은 것으로 주께 드렸을 뿐이니이다"(대상 29:14)라고 고백한다.

다윗은 솔로몬에게 재물을 물려주기 전 성전 건축에 대한 꿈을 물려주었고, 하나님의 백성들이 가져야 할 재물관을 가르쳐 주었다. 그러기에 솔로몬에게 돈의 크기는 문제가 되지 않았다. "주의 거룩한 이름을 위하여 성전을 건축하려고 미리 저축한 모든 물건이 다 주의 손에서 왔사오니 다 주의 것이로다"(대상 29:16). 다윗은 인생의 목적을 위하여 저축한 것을 어떻게 사용해야 하는지를, 그리고 돈이란 내 노력의 결과가 아니라 하나님의 은혜라는 것을 가르쳤다. 진정한 부자는 소유에 머무르지 않고 '잘 관리하고 잘 사용하는데' 있다. '내 아이만은 최고로 키우겠다' 는 부모의 경쟁의식 때문에 가정에서 철모르는 아이들에게 무분별한 소비습관을 허용한다면, 자녀를 망치고 사회의 근심거리로 만들 수 있다. 좋은 물건과 넉넉한 지갑이 자녀를 최고로 만들지는 않는다. 세계화 바람을 틈타 영어는 초등학교부터 가르치면서도 평생을 좌우할 소비 습관과 경제 마인드 교육에는 관심이 없는 것이 안타깝다. 경제교육도 가족 사랑에서 시작되어야 한다. 자녀들이 많은 것을 소유한 사람이 되기보다 작은 것을 잘 관리하여 감사하며 누리는 복된 인생을 살 수 있도록 가정경제교육부터 시작하자.

남자들이여, 나의 돈 쓰는 습관을 자녀들이 물려받아도 괜찮은가? 십일조와 헌금을 구별하는 모습을 자녀들에게 보여 줌으로 하나님이 물질의 주인 되심을 자녀들에게 가르쳐 본 적이 있는가? 자녀들에게 가르쳐야 할 소중한 교육 중 하나는 경제교육이다. 자녀들을 하나님이 인정하시고 기뻐하시는 청지기로 양육하자. 높은 지위와 명예를 가져도 돈 때문에 무너진 인생들을 우리는 흔히 보지 않았는가? 돈에 이끌려 다니는 인생이 아니라 돈을 잘 관리하는 자녀들이 되게 하자.

 ## 남자들만의 싱크 토크

1. 나의 재정지출 습관 중에서 자녀들이 물려받지 않아야 할 습관이 있다면 어떤 것이 있는가? 내가 돈을 사용하는 방식에서 고쳐야 할 내용들을 찾아보자.

2. 내가 자녀들과 함께 공유하고 싶은 재정원칙은 무엇인가? 자녀들과 대화를 통해 우리 가정의 재정원칙을 만들어 보자.

남자의 기도

하나님 아버지, 돈은 거룩의 척도라고 합니다. 하지만 정작 제 자녀들에게는 공부를 잘해 성공해야 한다고 말하면서 돈을 거룩하게 사용하는 법과 정직하게 수입을 얻는 법, 또 나누며 사는 즐거움을 가르치지 못했습니다. 저희 자녀들이 돈의 노예가 되지 않게 하옵소서. 예수 그리스도의 이름으로 기도드립니다. 아멘.

PART 3
성공병을 씻어 날리는 차가운 물 한 컵

남자들이여, 실패가 두려운가? 나의 지혜를 최고로 여기지 말고 하나님의 경영능력 앞에 겸손해지자. 탁월한 인생 경영자이신 하나님을 나의 사장님으로 모시고 싶다면 "사람이 마음으로 자기의 길을 계획할지라도 그의 걸음을 인도하시는 이는 여호와시니라"(잠 16:9)는 말씀을 믿고 그분께 우리의 인생을 맡겨 두려움에서 해방되자.

하나님 아버지,
매일 쳇바퀴 돌듯 중심 없이 흔들리며 지금까지 살아왔습니다.
제 마음속에 주님을 위한 성막을 치고
주님을 늘 가까이 할 수 있도록 인도하여 주옵소서.
주님 중심의 삶에서 기쁨을 발견할 수 있게 하옵소서.
예수 그리스도의 이름으로 기도드립니다. 아멘.

9. 생존경쟁 링에서의 한판

하나님 곁에 붙어 있는 남자

"이스라엘 자손은 각각 자기의 진영의 군기와 자기의 조상의 가문의 기호 곁에 진을 치되 회막을 향하여 사방으로 치라"(민 2:2).

우리는 맹자의 어머니와 관계된 '맹모삼천지교'라는 말을 잘 알고 있다. 맹자는 아버지를 잃고 어머니와 살게 되었는데 처음 살게 된 곳이 공동묘지 근처였다. 그러다 보니 자연스럽게 맹자는 장사놀이를 하게 되었고, 시장 근처로 이사하니 장사꾼 흉내를 내었고, 서당 근처로 이사하니 예법에 대한 놀이를 하게 되었다. 그래서 서당 근처에 머물러 살았는데, 이러한 연유로 훗날 맹자는 유가(儒家)의 뛰어난 학자가 되어 아성(亞聖)이라고 불리게 되었다.

이처럼 무엇을 보고 무엇을 가까이 하며 어떤 경험을 갖고 있느냐에 따라 살아가는 방식이 달라진다. 직장에서 만나는 CEO들의 리더십 스타일은 그들의 경험 세계와 무관하지 않음을 알 수 있다.

남자들은 어떤 사람을 만나고, 어디에 돈을 쓰며, 어떤 일로 시간을 보내는지, 어떻게 신앙생활을 하는지만 알아도 많은 것들을 알 수 있다. 남자들의 삶은 단순하기 때문이다. 남자들은 어떤 사람이나 영향을 받으면 변함없이 유지하고 실천이 확실하여 파급효과가 상당하다. 그래서 여자보다 남자들이 변화될 때 파급효과가 더 크다. 변할 수 없는 것들이 변하기 때문이다. 이러한 변화를 가져오는 가장 큰 핵심은 마음의 중심에 무엇이 있는가이다.

민수기 2장을 보면 성막을 중심으로 동서남북 네 방향으로 배치될 유다, 르우벤, 에브라임, 단 등의 진영에 대해 자세히 기술하고 있다. 이스라엘 민족은 그들이 광야 행군을 할 동안 지켜야 할 각 지파별 진영 배치와 행군 순서가 있었다. 진영 배치는 애굽의 전술과 전략을 근거로 배치되지 않았다. 성막을 중심으로 사방으로 진을 치도록 했다. 하나님 임재의 상징인 성막을 중심으로 진을 배치함으로써 이스라엘 민족의 삶의 전 영역에서 여호와 중심의 신앙을 강조한 것이다(고전 10:31).

그렇다면 우리 생활의 중심은 무엇일까? 나의 매일을 이끌어가는 것은 무엇일까? 남자들은 일터를 중심으로 살아간다. 일터에서 하루의 대부분을 보내기 때문이다. 생활 속에서 교회 중심으로 움직이는 것은 참으로 어렵다. 그러나 남자들의 마음속에는 성막이 있어야 한다. 그 마음속에 하나님의 보좌가 있어서 왕 되신 하나님을 모시고 생활해야 한다. 그렇지 않으면 타락한 세상에서 영적 순결을 지킬 수 없다. 타협하고 갈등하며 스스로 고통 가운데 뛰어드는 어리석은 삶을 살 수밖에 없다. 남자들의 삶은 교회와 가정과 일터가 삼각형을 이루고 그 중심에 하나님이 계셔야 한다. 남자들은 가정과 교회와 일터에서 행하는 모든 일들이 하나님의 영광을 생각하며 해야 하고 생활의 중심이 되어야 한다. 무엇이 나의 중심에 있는가와 내가 어떤 것들을 가까이 하는가에 따라 나의 삶이 달라지기 때문이다.

남자들이여, 교회와 가정과 일터 가운데 가장 행복한 장소는 어디인가? 무엇 때문에 행복한가? 혹시 교회와 가정과 일터가 아닌 다른 곳에서 행복을 발견하는가? 교회를 가까이 하는 남자는 은혜가 충만한 신실한 하나님의 백성으로 살고(엡 3:21), 가정을 가까이 하는 남자는 행복한 인생을 살며(전 9:9), 일터를 가까이 하는 남자는 즐거운 인생(전 3:22)을 살 수 있다. 하나님을 가까이 하는 남자들의 인생은 온전한 인생이다.

 ## 남자들만의 싱크 토크

1. 내 삶의 중심 진영에는 어떤 것이 자리 잡고 있는가? 하나님 대신 나를 움직이고 뒤흔드는 것은 무엇인가?

2. 나의 맹모삼천지교의 종착점은 어디라고 생각하는가? 과연 나는 하나님을 가까이 하고 있는가? 그분의 말씀으로 변화된 삶을 경험하며 살고 있는가? 하나님으로 인해 내 삶이 어떻게 달라졌는지 이야기해 보라.

Prayer 남자의 기도

하나님 아버지, 매일 쳇바퀴 돌듯 중심 없이 흔들리며 지금까지 살아왔습니다. 제 마음속에 주님을 위한 성막을 치고 주님을 늘 가까이 할 수 있도록 인도하여 주옵소서. 주님 중심의 삶에서 기쁨을 발견할 수 있게 하옵소서. 예수 그리스도의 이름으로 기도드립니다. 아멘.

9. 생존경쟁 링에서의 한판

어찌하여 두려워하느냐

"배에 오르시매 제자들이 따랐더니 바다에 큰 놀이 일어나 배가 물결에 덮이게 되었으되 예수께서는 주무시는지라 그 제자들이 나아와 깨우며 이르되 주여 구원하소서 우리가 죽겠나이다 예수께서 이르시되 어찌하여 무서워하느냐 믿음이 작은 자들아 하시고 곧 일어나사 바람과 바다를 꾸짖으시니 아주 잔잔하게 되거늘 그 사람들이 놀랍게 여겨 이르되 이 이가 어떠한 사람이기에 바람과 바다도 순종하는가 하더라"(마 8:23-27).

세상을 사는 방식은 여러 가지가 있다. 한 달 수입의 상당 부분을 보험료로 지불하는 사람이 있는가 하면, 반대로 의료보험조차도 거부하는 사람이 있다. 어린 시절, 깊은 겨울밤에 화장실에 사는 귀신 이야기를 듣고 나면 아무리 소변이 마려워도 꾹 참고 화장실에 안 가려 했던 기억이 난다. 설령 참지 못하고 화장실에 간다 하더라도 두렵고 무서운 생각에 볼 일도 제대로 못 보고 등골이 오싹해서 도망치듯 나오기도 했다. 아무런 일도 없었는데 스스로 놀라고 스스로 움츠러든 것이다.

심리학에 '예기불안'(Anticipatory anxiety)이라는 말이 있다. 예기불안은 '그런 일이 생기지 말아야 할 텐데'라는 두려움이 바로 그 일을 불러일으킨다는 현상을 말한다. 어떤 일이 있기 전에 미리 부정적인 일의 가능성을 예측하고 불안해하는 것이다.

배를 타고 있었던 제자들은 저녁이 되고 바람이 불어오자 스스로 작은 두려움에 서서히 사로잡혀 있었을 것이다. 남성들의 직장생활을 들여다보면 출렁이는 파도에 요동치는 제자들과 비슷한 모습을 발견하게 된다. 주일과 예배시간과 다락방 모임에서는 예수님의 기적을 목도하듯 믿음을 갖고 있으나 직장생활의 풍랑으로 들어서면 주님이 계시는 것도 잊은 듯 믿음을 저만치 버려두고 생활하는 모습을 종종 보게 된다. 두려움을 이기려 하기보다는 두려움을 피하기 위해 몰두하는 삶을 살아간다.

예수님은 하루 동안 수많은 병자들을 치료하셨다. 그리고 제자들은 이스라엘의 의료기술로는 해결할 수 없어 사회적으로 격리까지 했던 나병환자까지 치료하신 예수님의 기적을 곁에서 지켜보았다. 치유의 현장을 목도한 제자들이 예수님과 함께 배를 타고 있었지만 광풍이 불자 두려움에 빠졌다. 예수님은 두려워하는 제자들을 향하여 믿음 없음을 책망하셨다. 낮 시간에 백부장 사건을 통하여 믿음이 중요하다는 것을 듣고 보았음에도 그 진리를 까맣게 잊어버린 것이다. 제자들은 믿음을 생각할 겨를이 없을 정도로 두려움에 휩싸여 있었다.

"두려움은 사람들을 밤새도록 깨어 있게 한다. 그러나 믿음은 편안한 베개가 된다"는 말이 있다. 프랭클린 루스벨트 대통령은 33년 대통령 취임사에서 대공황 극복 의지를 강조하며 "우리가 두려워해야 할 단 한 가지는 두려움 그 자체입니다"라고 했다.

그렇다면 지금 이 순간 우리 안에 있는 것은 두려움일까, 믿음일까?

남자들이여, 오늘 현실의 광풍을 바라보며 두려움에 빠져 있는가? 아니면 백부장의 하인을 말씀 한마디로 낫게 하셨던 것처럼 말씀 한마디로 파도를 잠잠케 하시는 주님을 믿고 있는가? 인생은 파도처럼 항상 출렁거릴 것이다. 주님에 대한 믿음이 있다면 파도는 나와 함께하시는 하나님의 능력을 다시 한 번 확인하는 기회가 된다.

 ## 남자들만의 싱크 토크

1. 직장생활에서 나를 움츠러들게 만들고 두렵게 하는 광풍은 무엇인가? 그것을 극복하기 위해 어떠한 노력을 기울이고 있는가?

2. 파도를 잠잠케 하신 예수님을 믿는가? 그분에 대한 믿음이 있다면, 그 믿음으로 내 마음속의 두려움을 쫓아내 보자.

남자의 기도

하나님 아버지, 교회에서는 신실한 그리스도인의 모습으로 지내지만, 직장에서는 광풍을 만난 제자들처럼 우왕좌왕하며 불안해합니다. 말씀 한마디로 거친 파도를 잠재우신 예수님을 마음에 새기고, 제 앞에 몰아치는 광풍에도 믿음이 흔들리지 않고 정면 돌파할 수 있는 힘을 주시옵소서. 예수 그리스도의 이름으로 기도드립니다. 아멘.

9. 생존경쟁 링에서의 한판

빛과 소금 같은 남자

"너희는 세상의 소금이니 소금이 만일 그 맛을 잃으면 무엇으로 짜게 하리요 후에는 아무 쓸 데 없어 다만 밖에 버려져 사람에게 밟힐 뿐이니라 너희는 세상의 빛이라 산 위에 있는 동네가 숨겨지지 못할 것이요 사람이 등불을 켜서 말 아래에 두지 아니하고 등경 위에 두나니 이러므로 집 안 모든 사람에게 비치느니라 이같이 너희 빛이 사람 앞에 비치게 하여 그들로 너희 착한 행실을 보고 하늘에 계신 너희 아버지께 영광을 돌리게 하라"(마 5:13-16).

마태복음의 산상수훈은 남성들을 위한 황금률과 같은 말씀들이다. 하지만 그것을 지켜야 한다는 것을 알면서도 세상 속에서 다른 이들과 섞여 있다 보면 감정의 균형이 무너져서 지키기 힘든 율법이 되고 만다. 그렇다면 예수님은 산상수훈을 통해서 우리가 지킬 수 없는 새로운 율법을 주신 것일까?

남자들은 경쟁을 통해 생존을 모색하는 존재다. 피곤을 모르는 기계처럼 반복적으로 과다한 업무를 감당해야 하고, 치유 받을 시간과 기회도 갖지 못한 채 지속적인 마음의 생채기를 경험한다. 더욱 불행한 것은 남자라는 체면의 가면을 쓰고 힘겨운 인생을 빠득빠득 우기며 사는 남자들이 우리 주변에는 참 많다는 것이다. 세상을 살면서 얻는 수많은 마음의 병들로부터 자유로운 삶을 살 수는 없는 것일까? 산상수훈은 남성들이 자유롭고 행복한 삶으로 살아갈 수 있는 해법을 제시해 준다.

가난하고 애통하는 심령을 갖되 온유함을 잃지 않고, 의에 주리고 목마르되 예수님의 심정으로 긍휼히 여길 줄 알아 화평을 이루고, 마음의 청결함을 지키며, 의를 위하여 핍박받는 자의 마음을 가진 자로 살아가는 것이다. 최선을 다해 경쟁하되 짐 지고 사는 인생이 아니라 행복한 경쟁자가 될 수 있다.

남자들은 빛과 소금이 되어야 한다. 소금은 그 맛으로 자신을 표현하며, 빛은 어두운 곳에서 자신의 가치를 발견한다. 세상 모든 음식의 맛을 결정짓는 소금처럼, 어두운 구석구석까지 밝게 비추는 빛처럼 살아야 한다. 산상수훈은 빛과 소금으로 사는 삶을 말씀한 것이다.

남자들이여, 오늘 어떤 마음을 가지고 하루를 시작했고, 하루를 살고 있는가? 현실이 어려워서 산상수훈과 같은 마음을 지키기 어려웠다고 변명하고 싶다면 더욱 더 자신의 마음을 지켜라. 그 이유는 신명기를 보면 알 수 있다. "네 하나님 여호와께서 이 사십 년 동안에 네게 광야 길을 걷게 하신 것을 기억하라 이는 너를 낮추시며 너를 시험하사 네 마음이 어떠한지 그 명령을 지키는지 지키지 않는지 알려 하심이라"(신 8:2). 빛과 소금 같은 남자의 삶은 마음에서부터 시작된다.

 남자들만의 싱크 토크

1. 내 마음의 병을 일으키는 것들은 어떤 것들인가? 마음의 병들로부터 자유로워질 수 있는 방법은 무엇이라고 생각하는가?

2. 나는 세상의 빛과 소금이라고 외치면서도 이율배반적으로 세상 사람들처럼 산 적은 없었는가? 내가 세상의 빛과 소금으로 살기 위해 무엇부터 실천할 수 있을까?

Prayer 남자의 기도

하나님 아버지, 산상수훈을 통해 빛과 소금으로 사는 방식을 가르쳐 주심을 감사드립니다. 아무리 현실이 힘들고 피로울지라도 말씀을 놓지 않도록 도와주옵소서. 긍휼함과 온유함과 예수님의 심정을 갖추고 하나님의 의를 위해서 기꺼이 저 자신을 희생할 줄 아는 남자로 거듭나게 하옵소서. 예수 그리스도의 이름으로 기도드립니다. 아멘.

하나님 아버지,
남자라는 무거운 멍에와 올무에서 벗어나고
저 혼자 해결하려는 자만에서 깨어나게 하옵소서.
제가 진 짐을 함께 들어주시는 주님이 있기에
제 인생의 무게가 한결 가벼워질 것을 믿습니다.
예수 그리스도의 이름으로 기도드립니다. 아멘.

10. 스트레스의 올무에서 벗어나는 법

일보다 중요한 건 쉼이다

"내 백성이 화평한 집과 안전한 거처와 조용히 쉬는 곳에 있으려니와"(사 32:18).

몇 년 전 광고 카피 중에 "열심히 일한 당신, 떠나라"란 말이 유행한 적이 있다. 이 광고 카피는 직장인들에게 어필할 수 있는 적절한 문구였다. 꼭 어디론가 떠나지 않더라도 삶의 여유를 찾으라는 의미로 받아들여지니 말이다.

사람이 너무 쉬기만 해도 문제지만, 바쁘고 초조하다고 쉬지 않으면 더 큰 문제가 된다. 음악을 연주하는 연주자가 쉼표 없는 악보를 그대로 연주한다면 균형도 깨지고 힘도 소진하여 얼마 못 가서 연주를 계속할 수 없게 될 것이다. 그래서 쉼은 수고한 자에게 주어지는 선물이다.

남자들의 인생은 움켜쥐고 성취하기 위해 달려온 인생이다. 그래서 야곱은 자신의 인생을 회고하며 험악한 세월을 보냈다고 말했다(창 47:9).

남자들은 일을 통해 자신을 증명해 왔고, 일의 결과로 자신의 존재에 무게감을 더해 왔다. 남자들 중에는 휴일 하루 동안 온전한 쉼을 가지라고 해도 잘 쉬지 못하는 사람들이 많다. 일하는 것에는 익숙하지만 쉬는 것에는 익숙하지 않은 것이다. 그래서 쉬는 날도 일하듯이 쉰다. 쉼 거리를 찾아 한나절 쉬고 왔다고 하지만 정작 그 내용을 살펴보면 장거리 운전에 과도한 일정이 오히려 몸과 마음을 더 지치게 만든다. 쉼을 상징하는 곳에는 다녀왔지만 진정한 의미의 쉼은 못 누린 것이다.

쉬는 것보다 일하는 것이 더 편한 남자들이 많다. 심지어 휴일 가족들과 함께 보내는 시간이 가장 고통스럽다고 하소연하는 남자들도 있다. 만약 나 자신이 바쁜 스케줄에 쫓겨 생활하거나, 지나치게 강한 성취 욕구에 시달리거나, 내가 감당하지 않아도 될 일에 "아니오"라고 거절하지 못하거나, 직장에서 잦은 문제를 일으키고 있다면 일중독자이거나 탈진되기 쉬운 사람이다.

심리학자 크리스티나 마슬락은 "'탈진'(burnout), 이 말은 꺼지려고 가물가물하는 불꽃을 연상하게 한다. 빈 껍질, 싸늘하게 식어 가는 재, 한때 다른 사람들과의 관계에서 열정의 불꽃을 피웠지만, 그리고 자신의 모든 것을 남을 위해 주었지만 결국 나중에는 아무것도 더 내어줄 것이 없는 상태, 물이 다 증발한 주전자, 건전지가 다 된 상태다"라고 말했다.

그래서 탈진한 남자들은 자주 피곤해하고 자신감과 의욕을 상실할 때가 많다. 분별력을 잃고 상식에서 벗어난 행동을 할 때도 있다. 사람들로부터 고립되고 아무도 나를 인정해 주지 않는다는 생각에 사로잡혀 망상증에 빠질 때도 있고, 더 심하면 자살충동까지 느낀다고 한다.

처자식을 먹여 살리고 가족을 위해 우리 남자들은 뼈 빠지게 일했다
(시 104:23). 일이 인생의 전부인 것처럼 살아왔다. 그동안 일하는 법을 배
워 일벌레로 살았다면 이제는 나에게 적합한 쉼을 찾아야 한다. 이사야
는 전쟁의 공포가 사라진 이후에 찾아오는 평안과 소망을 "화평한 집
과 안전한 거처와 조용히 쉬는 곳"(사 32:18)으로 비유한다. 치열한 전투
와 같은 삶을 살고 있는 남자들의 소망은 이사야가 말한 소망과 매우
일치한다. 분주함보다는 화평하고 안전한 곳에서 쉬고 싶은 것이 모든
남자들의 소망 중의 소망이다.

벌목꾼 두 사람이 있었다. 한 사람은 점심시간 외에는 한 번도 쉬지
않고 열심히 일했다. 하지만 다른 한 사람은 한 시간마다 10분씩 휴식
을 취하며, 휴식 중에 도끼도 갈고 도구를 손질하기도 했다. 하루를 마
친 후 작업량을 비교해 보았더니 휴식시간을 가진 벌목꾼이 훨씬 더 많
은 일을 했다고 한다. 그동안 우리는 도끼를 잘 사용하려고만 했다. 이
제 도끼의 날을 갈고 힘을 보충해 더 활력 있게 살아가는 법을 찾아야
한다.

남자들이여, 화평한 집과 안전한 거처와 조용히 쉬는 곳을 원하는
가? 멈출 수 없는 기계처럼 일하는 자는 인생이 고장난 뒤에야 일하는
것을 멈추게 된다. 오랫동안 내가 일할 수 있기를 원한다면 일하는 것
보다 잘 쉬는 법을 배워야 한다. 잘 쉬는 사람은 소멸되지 않는 활력을
가지고 일할 수 있다.

 ## 남자들만의 싱크 토크

1. 나는 퇴근 후나 주말, 휴일에 집에서 어떻게 보내는가? 나는 쉬는 시간들을 적극적으로 활용하고 있는가?

2. 쉬는 것이 익숙하지 않다면, 잘 쉴 수 있는 나만의 방법을 생각해 보자. 나의 에너지를 재충전하는 시간을 확보하기 위해 나는 무엇을 할 수 있는가?

남자의 기도

하나님 아버지, 너무 일만 하다 보니, 이제는 쉬는 방법을 잊어버렸습니다. 오히려 일을 놓고 쉬는 것이 더 불안하고 초조합니다. 주님께서 허락하신 휴일을 가족들과 함께 행복하게 보낼 수 있기를 원합니다. 저에게 지혜를 주서서 적절한 쉼을 가질 수 있게 하시고, 일중독으로 탈진하지 않게 도와주소서. 예수 그리스도의 이름으로 기도드립니다. 아멘.

10. 스트레스의 올무에서 벗어나는 법

염려도 습관이다

"그러므로 내일 일을 위하여 염려하지 말라 내일 일은 내일이 염려할 것이요 한 날의 괴로움은 그날로 족하니라"(마 6:34).

사람들은 많은 일들에 대해 염려한다. 염려가 지나치면 마음의 병이 되기도 한다. 이런 염려를 이용해 사업을 하는 것이 바로 보험회사다. 사람들은 발생하지도 않은 일들에 대해 염려하여 많은 보험료를 지불하고 살아간다. 소득이 많아지면 많아질수록 염려는 더 커지고, 그런 염려를 해소하기 위해 더 다양한 보험 상품들에 가입한다. 한 그리스도인 기업가는 한 달에 몇백만 원의 보험료를 지불한다는 말도 한다. 이처럼 보험회사는 사람의 염려 때문에 부자가 된다.

그런데 과연 보험에 가입하면 염려가 없어지는 것일까? 세상에 가장 잘 팔릴 수 있는 보험 상품이 있다면 "모든 염려를 해소시켜 드립니다"라는 보험 상품일 것이다. 예수님은 "너희가 염려함으로 키를 한 자나 더 할 수 있겠느냐"라고 하셨다. 염려는 많은 마음의 짐을 가져다 주나 아무것도 변화시킬 수 없다. 어니 젤린스키는 『모르고 사는 즐거움』에서 "걱정의 40%는 절대 현실로 나타나지 않고, 30%는 과거의 일이고, 22%는 사소한 고민, 4%는 피할 수 없는 불가항력이고, 4%만 바꿀 수 있는 것"이라고 말한다. 결국 우리가 할 수 있는 것은 4%밖에 안 되는 셈이다. 그런데 이 4% 때문에 우리는 인생을 망치고 있다. 염려는 흔들의자와 같이 마음을 흔들어 놓지만 앞으로는 나아가지 못한다.

염려는 우리 마음과 생각을 마비시켜 문제 해결의 실마리를 찾지 못하게 한다(막 4:19). 염려는 엔진을 공회전시키면서 달리는 것처럼 어디에도 이르지 못하게 하면서 에너지만 소모하게 만든다. 염려는 문제를 부풀려 과장하는 경향이 있다. 염려에 빠지면 문제가 더 크게 느껴지게 된다(눅 12:25-26). 마음속에 염려가 가득할수록 어느 순간 작은 것들까지 염려거리가 되어 버린다. 그러다 보면 산더미 만한 걱정거리에 짓눌려 마음은 최악의 상태가 되고 만다. 어떤 여인이 자신은 암으로 죽을지도 모른다고 40년 동안이나 염려하다가 마침내 70세에 폐렴으로 죽었다. 그녀를 진단한 결과 암세포 따위는 없었고 결국 쓸데없는 염려로 33년을 낭비한 셈이었다. 그래서 성경은 "근심이 사람의 마음에 있으면 그것으로 번뇌하게 된다"(잠 12:25)고 말한다.

염려는 오직 우리 마음의 상태이기에 생각만 고쳐먹으면 얼마든지 염려를 떨쳐낼 수 있다. 한 의과대학 교수의 발표에 의하면 의사에게 오는 환자의 20%가 그들의 근심과 두려움을 없앤다면 굳이 병원에 올 필요가 없는 사람들이라고 한다. 우리가 음식 때문에 위궤양에 걸리는 것이 아니라 우리를 좀먹는 근심과 염려 때문에 위궤양에 걸리는 것이다.

염려란 태어날 때부터 저절로 하는 것이 아니다. 염려는 하나의 생각에 관련된 버릇이다. 염려는 수년 동안 되풀이된 실수와 실패와 충족되지 못한 기대 때문에 생겨난다. 삶 속에서 일어나는 일들은 항상 기대했던 대로 이루어지지 않는다는 것을 경험하면서부터 염려하는 버릇이 형성된다. 따라서 염려를 하지 않으려면 염려하는 것을 습관화하지 않도록 하면 된다. 염려하는 버릇을 없애려면 먼저 염려해 봐야 아무 소용없다는 것을 먼저 인식해야 한다. 염려는 우리에게 아무것도 해 주는 것이 없다. 염려한다고 상황이 바뀌는 것이 아니다. 과거를 바꿀 수도 없고 미래를 조정할 수도 없다. 근심과 염려는 오히려 우리 자신을 불행하게 할 뿐이다.

부지불식간에 염려가 찾아올 수는 있다. 그러나 염려가 나를 정복하도록 두어서는 안 된다. 염려하는 대신에 모든 것을 하나님께 아뢰며 기도해야 한다. 염려는 내가 붙들고 있어야 할 것이 아니라 하나님께 맡겨야 하는 것이다(벧전 5:7). 하나님이야말로 우리의 염려를 해결할 수 있는 능력의 아버지시기 때문이다.

염려라는 주제는 예수님도 매우 관심 있어 하셨던 주제였다. 예수님은 주기도문을 가르치시고 염려라는 단어를 자주 언급하시면서 많은 이야기를 하셨다. 염려는 계속되고, 우리를 그림자처럼 따라다닐 것이다. 이러한 염려에 대해 예수님의 결론은 간단하다. "너희는 먼저 그의 나라와 그의 의를 구하라 그리하면 이 모든 것을 너희에게 더하시리라"(마 6:33).

남자들이여, 스스로 염려하고 있는 문제는 무엇인가? 하나님께서 우리에게 맡겨주지도 않은 짐을 지기를 자청하지 말자. 아놀드 베네트도 "자신의 염려를 없애는 최상의 방법은 그 염려를 그대로 놓아두고 밖으로 나가 다른 사람의 삶에 드리워진 염려의 그늘을 없애주는 것"이라고 했다. 염려를 떠나보내는 가장 좋은 방법은 모든 염려를 주께 맡기고 그의 나라와 의를 구하는 하나님 백성의 삶을 사는 것이다.

 남자들만의 싱크 토크

1. 내가 가장 염려하는 일들은 무엇인가? 구체적으로 적어 보고, 염려하는 이유에 대해 곰곰이 생각해 보자.

2. 염려가 찾아올 때 나만의 극복 방법이 있는가? 내 주변에 있는 사람들은 염려를 어떻게 극복하고 있는가?

Prayer 남자의 기도

하나님 아버지, 늘 염려의 그늘에서 헤어 나오지 못하고 살았습니다. 염려가 저를 무너뜨리려 할 때 주님께 기도하며 근심하고 염려하는 습관에서 벗어날 수 있게 하옵소서. 오로지 하나님의 나라와 의를 구하는 자 되게 하옵소서. 예수 그리스도의 이름으로 기도드립니다. 아멘.

10. 스트레스의 올무에서 벗어나는 법

수고하고 무거운
짐 진 남자들

"그때에 예수께서 대답하여 이르시되 천지의 주재이신 아버지여 이것을 지혜롭고 슬기 있는 자들에게는 숨기시고 어린아이들에게는 나타내심을 감사하나이다 옳소이다 이렇게 된 것이 아버지의 뜻이니이다 내 아버지께서 모든 것을 내게 주셨으니 아버지 외에는 아들을 아는 자가 없고 아들과 또 아들의 소원대로 계시를 받는 자 외에는 아버지를 아는 자가 없느니라 수고하고 무거운 짐 진 자들아 다 내게로 오라 내가 너희를 쉬게 하리라 나는 마음이 온유하고 겸손하니 나의 멍에를 메고 내게 배우라 그리하면 너희 마음이 쉼을 얻으리니 이는 내 멍에는 쉽고 내 짐은 가벼움이라 하시니라"(마 11:25-30).

자주 그리고 많이 웃는 것.

총명한 사람들의 존경을, 아이들의 애정을 받는 것.

솔직한 비평가들의 칭찬을 받는 것.

거짓 친구들의 배신을 참고 견디는 것.

미를 감상하는 것.

다른 사람에게서 최선을 발견하는 것.

건강한 아이.

한 평의 정원.

그대가 있었기에 한 생명이라도 좀 더 수월하게 숨을 쉬었다는 사실을 아는 것.

랄프 에멀드의 '성공'에 대한 정의다. 이런 성공에 대한 정의대로 삶을 사는 것은 참 어렵다. 더군다나 평생 유지하면서 사는 일은 더 어렵다. 성공은 한순간의 느낌이라는 말이 오히려 더 설득력이 있다고 생각된다. 남자들은 말하기를 "인생은 성공하기 위한 것이며, 치열한 경쟁 속에서 살아남기 위해 산다"고 말한다. 그리고 그렇게 성공을 좇다가 결국 지치고 쓰러져 뒤늦게 밀려오는 허탈감에 씁쓸해 한다.

잘 사는 법을 몰라서 힘들게 사는 사람은 없다. 직장인 500명을 대상으로 설문조사를 했더니, 행복을 느끼는 생활은 가정생활이라는 응답이 56.5%가 나왔다. 반면 불행을 느끼는 생활은 직장생활이라는 응답이 46.9%였다. 많은 사람들이 직장에서 행복을 누리지 못하고 불행해 한다는 사실을 엿볼 수 있다.

그렇다면 남자들의 인생은 왜 이리 고달프고 힘든 것일까? 남자와 여자의 차이점을 이야기할 때 대표적인 몇 가지 사례들을 언급한다. 그중에 하나가 남자들은 길을 묻지 않는다는 것이다. 스스로의 기억에 의지하고 자신의 판단을 확신하며 길을 찾는 것이 남자들이다. 반면에 여자들은 주변의 도움을 받아 손쉽게 길을 찾는다.

남자들의 '수고하고 무거운 짐'은 스스로 만든 "남자다움"이라는 올무일지도 모른다. '나'라는 자기중심적인 생각은 모든 것을 스스로 해결하게 만든다. 그러나 주님은 "내 멍에는 쉽고 내 짐은 가볍다"는 역설을 말씀하신다. 세상에 쉬운 멍에가 어디 있으며, 가벼운 짐이 어디에 있겠는가? 그러나 주님께서 우리를 홀로 두지 아니하시고 함께하심으로 인하여 쉽고 가볍게 만들어 주신다는 것이다. 예수님은 "너희 마음이 쉼을 얻으리니"(마 11:29)라고 말씀하셨다. 스스로 만든 율법의 멍에와 인생의 짐을 "내가" 감당하려 하지 않고 "주님께로 가면" 곤고한 인생이 아니라 "마음의 쉼"을 얻는 인생이 될 수 있다.

남자들이여, 내 인생을 나 홀로 감당할 수 있다는 자신감과 확신으로 가득 차 있는가? 그렇다면 그대의 인생은 허영이다. 스스로 만든 남자다움의 멍에와 지나친 자기 확신의 짐을 벗어버리고 하나님과 함께하는 인생을 살자. 진정한 남자다움은 하나님의 은혜를 구하는 겸손에 있다.

 남자들만의 싱크 토크

1. 나 스스로를 힘들게 만드는 나의 짐과 멍에는 무엇인가?

2. 내 인생의 짐과 멍에를 쉽게 만들기 위해서는 어떤 선택이 필요한가?

Prayer 남자의 기도

하나님 아버지, 남자라는 무거운 멍에와 올무에서 벗어나고 저 혼자 해결하려는 자만에서 깨어나게 하옵소서. 제가 진 짐을 함께 들어주시는 주님이 있기에 제 인생의 무게가 한결 가벼워질 것을 믿습니다. 예수 그리스도의 이름으로 기도드립니다. 아멘.

하나님 아버지,
예수님이 가르쳐 주신 인생법칙에 따라
인간관계를 유지해 나가게 하옵소서.
남을 비판하지 않고, 매순간마다 하나님의 지혜를 구하며,
솔선수범하여, 좁은 길로 갈 수 있게 하옵소서.
예수 그리스도의 이름으로 기도드립니다. 아멘.

11. 관계 형성의 노하우

인생의 매듭 풀기

"…자기는 그들 앞에서 나아가되 몸을 일곱 번 땅에 굽히며 그의 형 에서에게 가까이 가니 에서가 달려와서 그를 맞이하여 안고 목을 어긋 맞추어 그와 입 맞추고 서로 우니라…"(창 33:1-20).

야곱의 인생은 상처 그 자체였다. 어려서는 아버지의 편애 때문에 소외감에 시달렸고, 아버지 이삭을 속여 장자권을 얻기 위해 초긴장 상태에서 불안한 인생을 살았으며, 장자권은 얻었으나 형 에서의 복수를 피해 도망쳐야 했다. 야곱이 힘써 얻었던 장자권은 야곱에게 고난의 시작이었다. 삼촌 라반은 야곱보다 더 치밀한 방식으로 야곱을 부려먹었다. 야곱의 힘든 인생 중에는 해결해야 할 상처가 있었다. 야곱의 인생에 있어서 에서의 문제는 꼭 풀어야 할 매듭이었다.

그래서 야곱은 초긴장 상태에서 기도하며 만남을 진행했다. 브니엘 사건을 통해 영적 확신과 은혜를 덧입고 나아가지만 그의 마음은 두렵고 불안했다. 에서를 만나는 대형에서 라헬과 요셉을 맨 뒤에 둠으로써 만약의 위기에서 자신의 사랑하는 가족들을 보호하려는 불안감을 보여 주었다. 이처럼 야곱은 은혜는 받았으나 현실에서 그 은혜의 능력을 믿는 담대함은 부족했다. 점점 더 간격을 좁혀 400명의 용사들을 이끌고 형 에서가 자신을 만나러 오고 있는 그 순간에 그는 심한 불안감에 휩싸였다.

그런데 참으로 놀라운 것은 에서가 야곱을 만나자마자 달려와 안고 입 맞추고 울었다는 것이다. 에서는 원수 야곱이 아니라 형제 야곱을 만난 것이고, 야곱은 형 에서가 아니라 자신이 상실감과 좌절을 주었던 피해자 에서를 만난 것이다. 야곱은 결국 이런 상황을 살피면서 형에게 "형님의 얼굴을 뵈온즉 하나님의 얼굴을 본 것" 같다고 고백했다. 그토록 두려워했던 매듭은 뜻밖의 행복한 사건으로 종결되며 풀어진다.

인생의 매듭을 풀고 난 야곱의 생애는 어떤 변화가 일어났을까? 18절에 "평안히"라고 말씀한다. 야곱의 인생에는 평안이라는 단어가 없었다. 이제 평안히 장막을 칠 수 있는 인생이 되었고, 세겜 땅에서 제단을 쌓고 그 이름을 "엘엘로헤이스라엘" (하나님, 이스라엘의 하나님)이라고 불렀다.

남자들이여, 직장생활이나 대인관계 가운데서 갈등이 빚어질 때 어떻게 대처하는가? 이때 인간적인 수단과 방법으로 대처하기보다는 기도하며 정면 돌파할 때 오히려 그 속에서 하나님의 은혜를 발견할 수 있다. 풀어야 할 매듭이 있다면 머뭇거리지 말자. 관계 속에서 얽히고 설킨 것이 있다면 용기를 내어 풀어 보자. 매듭을 푸는 순간 두려움이 아니라 평안이 나를 기다리고 있을 것이다.

 ## 남자들만의 싱크 토크

1. 하나님께서 야곱에게 하셨던 것처럼 나를 새롭게 하시기 위해 나를 연단시키고 훈련시키셨다고 생각되는 일이 있는가? 나의 어떤 부분을 새롭게 하시기 위해 그러한 일들을 내게 경험하게 하셨을지 생각해 보자.

2. 내 주변의 사람들과 미처 화해하지 못하고 마음속에 담아 둔 일들이 있는가? 내가 화해하지 못하고 있다면 그 이유는 무엇일까?

Prayer 남자의 기도

하나님 아버지, 수많은 사람들과의 얽히고 설킨 관계들 때문에 괴로워할 때가 많습니다. 서로의 이해관계가 부딪혀 상처를 입히고 상처를 받는 일들로 힘이 듭니다. 꼬여 있는 인간관계의 매듭을 하나님의 지혜로 풀고 평안을 찾게 하옵소서. 예수 그리스도의 이름으로 기도드립니다. 아멘.

11. 관계 형성의 노하우

남자들의 인생법칙

"비판을 받지 아니하려거든 비판하지 말라…구하라 그리하면 너희에게 주실 것이요 찾으라 그리하면 찾아낼 것이요 문을 두드리라 그리하면 너희에게 열릴 것이니…좁은 문으로 들어가라…생명으로 인도하는 문은 좁고 길이 협착하여 찾는 자가 적음이라"(마 7:1-14).

대부분의 남자들은 인간관계에 실패하면 인생에서 크게 실패한 것이라고 생각한다. 그만큼 남자들의 사회에서 인간관계가 차지하는 부분은 매우 크다.

그렇다면 인간관계에서 가장 중요한 것은 무엇일까? 누구든지 나에게 호의적인 친구를 만드는 일도 중요하겠지만, 무엇보다도 원수를 만들지 않는 것이 중요하다. 마태복음 7장에서 제자들에게 가르치신 내용은 주기도문의 삶을 어떻게 살 것인지에 대한 내용을 담고 있지만, 남자들에게는 중요한 인생법칙을 제시해 준다.

예수님이 인생을 잘 사는 법칙으로 말씀하신 세 가지는 다음과 같다.

비판하지 말라.

구하고 찾으며 문을 두드리라.

좁은 문으로 들어가라.

남자들은 자신이 승진하고 승리하기 위해서는 누군가를 꺾어야 한다는 자기합리화가 있다. 이를 위해 쉽게 선택할 수 있는 함정 중 하나가 다른 사람을 비판하는 것이다. 예수님은 "우리가 우리에게 죄 지은 자를 사하여 준 것같이 우리 죄를 사하여 주시옵고"(마 6:12)라는 내용을 통해 다른 사람에 대한 그리스도인의 삶의 방식을 말씀하셨다. 비판하지 말아야 할 이유로는 그 헤아림으로 내가 헤아림을 받을 것이라는 것과 내 안에 더 큰 들보가 있다고 말씀하신다.

비판하는 남자들의 인간관계는 회복이 아니라 상처만 남긴다. 좋은 친구를 만드는 법은 먼저 내 안에 있는 나의 들보를 찾아보고 남을 비판하지 않을 뿐만 아니라 겸손하게 사람을 대하는 것이다.

남자들은 스스로를 책임져야 하고, 가족을 책임져야 하며, 사회를 향한 자신의 책임을 다해야 한다. 그러기에 남성들은 항상 하나님의 은혜를 구하고 찾아야 할 필요가 있다. 은혜 없는 삶은 뿌리 없는 인생과 같다. 구하고 찾고 두드려야 할 대상은 하나님이시다(눅 11:9-13). 남자들의 인생은 장애물경기와 같다. 상상할 수 없이 높은 장애물들을 극복하는 방법은 하나님의 은혜를 구하고 찾는 것이다. 남자들의 인생은 하나님의 은혜 없이 그 어떤 것도 책임질 수 없다.

남자들은 "넓고 화려한 문"에 대한 지향성이 있다. 누구나 넓은 문을 선택하려 한다. 누구도 힘들고 어려운 좁은 문을 선택하고 싶어 하지 않는다. 좁은 문의 삶을 산다는 것은 누군가를 비판하지 않고 내 안에 있는 나를 바라보고 하나님만을 찾고 구하는 자의 삶을 사는 것이다. 예수님은 "그들의 열매로 그들을 알지니"(마 7:16)라고 말씀하신다.

남자들이여, 다른 사람을 바라보면서 그들의 성공을 부러워하고 좌절하지 말라. 또한 다른 사람의 연약함을 비판하다가 미처 발견하지 못한 자신의 들보 때문에 삶이 무너지는 잘못을 범하지 말라. 겸손의 옷을 입고 돋보기로 나 자신을 먼저 살펴보라. 화려한 선택보다는 하나님의 뜻에 합당한 좁은 문으로 들어가는 삶이 비록 힘든 과정이지만 인생의 열매는 고결하고 진귀할 것이다.

 ## 남자들만의 싱크 토크

1. 지금 현재 나의 인간관계는 어떠한가? 나의 성공을 위해 다른 사람을 비판하고 모함하는 일을 하고 있지는 않는가?

2. 내 안에 있는 큰 들보는 무엇인가? 남을 비판하기 전에 먼저 나를 바라보는 훈련이 필요하다. 이것을 실천하기 위해 나는 구체적으로 무엇을 할 수 있는가?

Prayer 남자의 기도

하나님 아버지, 예수님이 가르쳐 주신 인생법칙에 따라 인간관계를 유지해 나가게 하옵소서. 남을 비판하지 않고, 매순간마다 하나님의 지혜를 구하며, 솔선수범하여, 좁은 길로 갈 수 있게 하옵소서. 예수 그리스도의 이름으로 기도드립니다. 아멘.

11. 관계 형성의 노하우

축복하며 사는 남자

"여호와께서 모세에게 말씀하여 이르시되 아론과 그의 아들들에게 말하여 이르기를 너희는 이스라엘 자손을 위하여 이렇게 축복하여 이르되 여호와는 네게 복을 주시고 너를 지키시기를 원하며 여호와는 그의 얼굴을 네게 비추사 은혜 베푸시기를 원하며 여호와는 그 얼굴을 네게로 향하여 드사 평강 주시기를 원하노라 할지니라 하라 그들은 이같이 내 이름으로 이스라엘 자손에게 축복할지니 내가 그들에게 복을 주리라"(민 6:22-27).

예수를 믿거나 안 믿거나 사람들이 모두 좋아하는 말이 있다. "복 많이 받으세요!"라는 말이다. 모두들 복 받아 잘 살고 싶은 소망이 있다. 그래서 말도 안 되는 미신적인 행위들도 마다하지 않는다. 복 받을 수 없는 미신으로 복을 받겠다는 것이다.

성경을 살펴보면 하나님께서 사람들을 창조하시고 복을 주셨다(창 1:26-28). 하나님은 백성들에게 복 주시길 원하신다. 그래서 성막봉헌식이 종료된 뒤에 모세에게 복과 은혜를 전달하셨다. 이 순간 모세는 어떤 마음이었을까? 자신의 인생을 걸고 오직 하나님의 말씀만 의지하며 모든 위기의 순간을 지났던 그는 두 손 높이 들고 이스라엘 백성들을 축복하며 가슴이 벅차올랐을 것이다. 목소리는 감동으로 가득 차 떨렸을 것이고, 하나님의 마음을 담아 정성껏 축복했을 것이다. 이스라엘 백성들을 향한 하나님의 마음을 가장 절실하게 공감할 수 있는 순간이었다.

목회자로서 가장 행복한 순간 중 하나는 성도들을 축복할 때다. 하나님을 대신하여 그분의 음성을 전달하고 성도에게 하나님이 기뻐하는 삶을 살도록 축복할 때마다 행복을 느끼게 된다. 우리가 감정을 극복하고 원수를 위해 기도할 때 그것이 바로 성숙한 그리스도인의 삶을 사는 것이다. 악을 악이 아닌 축복으로 갚는 것이야말로(벧전 3:9) 가장 아름다운 축복이다.

모세가 위임받아 선언한 축복기도는 축복의 주체가 여호와시며, 여호와께서 축복을 보호하실 것을 말씀하신다(시 12:3-4). 하나님은 모든 어둠과 절망을 걷어버리고, 생명력 넘치는 은혜와 회복과 기쁨을 주시기 위해 낮고 천한 인간을 향해 뜨거운 사랑의 손길을 내미시며, 우리의 얼굴을 향해 비춰시고, 특별하고 적극적인 관심을 보이시며, 축복의 완성인 평강 주시기를 원하시는 것이다.

하나님은 자신을 신뢰하는 모든 백성들에게 절대적인 평강을 맛보게 하신다. 이런 모든 것들을 주시되 "내 이름으로"(민 6:27) 축복하라고 하신다. 그리고 이 축복을 하나님의 절대적 권위와 명예와 품격으로 자녀 삼으신 특별한 백성들에게 전하라고 모세에게 명하신다. 이스라엘을 이끌었던 모세로 하여금 이스라엘 백성들을 향한 하나님의 주권과 사랑의 마음을 경험하게 해주신 것이다.

축복은 소망이 사라진 곳에 희망의 싹을 틔우고, 잃어버린 열정을 회복시켜 활기 있는 자리로 나아가는 인생의 훈풍과도 같다. 하나님의 축복을 받고 불행한 인생이 없기 때문이다. 축복은 나의 마음이 아니라 나를 창조하신 하나님 아버지의 마음을 갖고 누군가를 대하는 것이다. 가족들을 위한 축복기도는 우리 가족을 전능하신 하나님께 위탁하는 순간이다.

남자들이여, 원망스럽고 정죄하고 싶은 사람이 있는가? 원망과 정죄 대신 그를 하나님 아버지의 마음으로 축복할 마음은 없는가? 하나님께서 우리를 축복하신 것처럼 다른 사람을 축복하고, 하나님께서 우리를 대접해 주신 것처럼 다른 사람을 대접하면 아무도 불행할 사람이 없다. 오늘 내가 누군가에게 가장 잘할 수 있는 일이 있다면 그것은 내가 만나는 사람들을 예수 그리스도의 이름으로 축복하는 것이다. 축복하는 남자로 사는 것은 하나님의 사랑을 나누며 사는 것이다.

 남자들만의 싱크 토크

1. 나를 힘들게 하고 괴롭히는 사람에게 원망과 비판의 마음을 가진 적이 있는가? 그때 나의 마음은 어떠했는가?

2. 원망스러운 사람이 있다면, 그를 축복할 수 있는 마음을 가져 보자. 그에게 건넬 수 있는 축복 거리에는 어떤 것들이 있을까? 진심으로 하나님의 마음을 헤아리며 그를 축복할 수 있는 용기가 생기는가?

Prayer 남자의 기도

하나님 아버지, 지금까지 주님께 무수히 많은 축복을 받았음에도 그것을 미처 깨닫지 못했습니다. 남을 원망하고 미워하기보다 제게 내려주신 축복들을 생각하며 다른 이들도 축복하는 선한 마음을 갖게 하소서. 예수 그리스도의 이름으로 기도드립니다. 아멘.

11. 관계 형성의 노하우

다른 이의 약점도 섬기라

"모세가 구스 여자를 취하였더니 그 구스 여자를 취하였으므로 미리암과 아론이 모세를 비방하니라…그와는 내가 대면하여 명백히 말하고 은밀한 말로 하지 아니하며 그는 또 여호와의 형상을 보거늘 너희가 어찌하여 내 종 모세 비방하기를 두려워하지 아니하느냐"(민 12:1-16).

세상에 완전한 사람이 존재할까? 사람은 누구나 연약하고 부족한 부분들이 다 있다. 부족함은 서로 함께함으로 채워 간다. 돕는 배필이라는 말은 연약하고 부족한 배우자를 온전케 하는 배우자가 된다는 말이다. 사람마다 부족한 점들은 부끄러움의 대상이 아니다. 오로지 채워 줘야 하고 도움을 받아야 하는 연약함일 뿐이다. 모세는 아내 십보라가 죽은 후에 에디오피아의 여인을 아내로 맞아들였다. 그러나 하나님은 가나안 족속과의 결합을 금하신 것이지 이방 사람과의 결혼을 금지하지는 않으셨다(출 34:16; 신 7:3-4). 이런 모세의 결혼에 대해 미리암과 아론은 비방하였다(민 12:1). 모세를 비방한 실제 이유는 "여호와께서 모세와만 말씀하셨기" 때문이다(민 12:2). 자신들도 모세보다 못한 것이 없는데 모세에게만 지도력이 있다는 것이 마음에 불평이 되었다. 미리암은 하나님의 말씀을 대변하는 여 선지자였으며(출 15:20-21), 아론은 대제사장으로서 모세와 함께 하나님의 음성을 직접 듣기도 하였다(민 2:1).

이런 비방에 대해 하나님은 모세의 온유함이 지면의 모든 사람보다 더하다고 말씀하신다. 이 말씀은 모세만큼 성령에 감화 감동받은 자가 없다는 말이다. 사람들은 주변에 있는 사람들의 약점이 드러났을 때 보호하고 채워 주려 하지 않고 비방거리로 만들기 쉽다. 경쟁사회 속에서 경쟁대상 한 사람은 탈락시킬 수 있는 기회라고 생각한다. 많은 경우 약점들은 비방이나 비웃음거리가 될 수 있다. 십보라가 죽은 후 모세의 외로운 삶을 모세의 입장에서 생각해 보았다면 비방할 수 없었을 것이다.

인간의 약점이 드러났을 때 하나님은 우리와 다른 방식으로 대처하신다. 미리암과 아론은 비방하였지만 모세에게 최고의 칭찬과 인정의 말을 베푸신다. "온유함이 지면의 모든 사람보다 더하고"(민 12:3), "내 온 집에 충성함"(민 12:7)이라고 말씀하신다. 모세의 약점이라고 생각되는 것들에 대한 미리암과 아론의 비방을 보면서 "나를 누군가 비방하고 험담하려 할 때 하나님은 나를 비방하려는 자들에 대하여 무엇이라 말씀하실까?"라는 생각을 해본다.

남자들이여, 다른 사람의 약점이라고 생각하는 점들에 대하여 어떤 태도를 취하는가? 헤아리고 위로하며 도우려 하는가? 아니면 비방하기를 즐겨하는가? 약한 자들을 향한 비방으로 마음의 문둥병(민 12:10)

환자가 되지는 않았는가? 혹시 누군가가 나를 근거 없는 말들로 비방할 때 모세처럼 조용히 하나님의 뜻을 기다릴 수 있는가? 주변 사람들의 약점이 발견되었을 때 모세와 같은 온유함과 성실함으로 연약한 자들의 마음을 붙들어 주며, 치료하는 하나님의 손길이 될 수 있는가? 인간의 약점을 가장 탁월하게 잘 대해 주신 분은 예수 그리스도시다. 누군가의 약점을 잘 섬긴다면 나는 예수님의 마음을 가진 온유한 남자다.

 **남자들만의 싱크 토크**

1. 모세를 비방한 미리암과 아론처럼, 나 역시 다른 이의 약점을 보며 비판하기를 즐긴 적이 있는가?

2. 다른 사람들의 약점을 하나님의 마음과 온유함으로 섬기려면 어떻게 해야 할까?

Prayer 남자의 기도

하나님 아버지, 치열한 경쟁사회에서 살아남기 위해 다른 이들을 끌어내리려 하고 남의 약점이 발견되면 그것을 비방하는 데 급급했습니다. 오직 하나님의 사랑으로 그들의 약점을 어루만지고 용기를 주는 온유한 남자가 되게 하옵소서. 예수 그리스도의 이름으로 기도드립니다. 아멘.

하나님 아버지,
실패하지 않고 성공하기 위해 버둥거리며 살았습니다.
하지만 수없이 겪는 실패 가운데 좌절하고
그것에 직면하는 일이 두려웠습니다.
이제 하나님께서 경영하시면 실패가 없음을 믿고
하나님을 제 인생의 경영자로 모시게 하옵소서.
예수 그리스도의 이름으로 기도드립니다.

12. 진정한 성공의 의미

하나님을 바라보는 눈을 가지라

"…발바닥에서 머리까지 성한 곳이 없이 상한 것과 터진 것과 새로 맞은 흔적뿐이거늘 그것을 짜며 싸매며 기름으로 부드럽게 함을 받지 못하였도다…"(사 1:2-20).

눈이 하나인 사람들이 사는 세상에서는 눈이 두 개인 사람이 이상한 자가 된다. 처음에는 눈이 두 개인 사람은 자신이 정상이라고 굳게 믿지만, 점차 시간이 흘러감에 따라 그 믿음이 흔들리게 된다. 온통 주변 사람들 눈이 하나이기 때문이다.

당시 유다와 예루살렘에 사는 남자들은 모두 범죄한 나라에 사는 허물 많은 백성이었고 행동유형은 "행악과 부패"였다. 타락한 세상에서 악을 행하는 모습을 보시며 하나님은 "헛된 제물을 다시 가져오지 말라"(사 1:13)고 말씀하신다. 더 이상 제사를 받고 싶지 않으셨던 것이다. 이제는 손을 펴서 구원하지 않고 눈을 가리겠다고 말씀하신다. 하나님은 하나님의 뜰에 들어오는 것, 예물과 분향, 엄숙한 집회, 월삭과 정한 절기, 신앙적인 요청까지도 거절하신다. 그들의 손이 피로 가득했기 때문에 일체를 다 거절하신 것이다.

남자들은 어려서부터 성공해야 한다는 자기강박 같은 것을 갖고 살아간다. 남자는 성공에 대한 야망과 포부가 있어야 한다는 인식이 널리 퍼져 있기 때문이다. 그래서 대부분의 남자들이 성공을 위해서는 모든 것을 할 수 있다고 생각하며 또 그렇게 행동한다. 누구나 뇌물을 받을 수 있고, 누구나 거짓말을 할 수 있고, 누구나 타락한 행동을 할 수 있는 병든 세상이 되었다.

지금까지 앞만 보고 달려온 남자들의 모습은 발바닥부터 머리까지 성한 곳이 없다. 병든 세상에서 나도 모르게 무뎌진 나의 양심과 생각들이 저질렀던 행동들은 하나님 앞에 나아올 때마다 주눅 들게 만든다. 병든 세상 속에서 살아가는 남자들은 도대체 어떤 삶을 살아야 할까? 믿음을 가진 남자들은 종종 "주님, 세상 속에서 살다가 주님 앞에 나아옵니다. 세상 속에서 저지른 죄를 용서해 주옵소서"라고 기도한다. 이렇게 세상 속에서 전혀 다른 사람으로 살다가 주님 앞에 나갈 때만 바르게 사는 것을 하나님께서는 어떻게 여기실까?

이사야가 말하는 죄악들은 남자들의 일터와 많은 연관성을 갖고 있다. 세상의 일터가 아니라 그리스도인의 일터가 된다면 우리는 기도 때마다 "주님, 세상 속에서 살다가…"라고 기도하지 않아도 될 것이다.

남자들이여, 나의 믿음을 지키기 위해 스스로 외로워져라. 자기 생각과 욕망을 따라 살아가는, 눈이 하나인 자들로 가득한 세상에서 하나님을 바라보는 두 개의 눈을 가진 사람은 때로 외로울 것이다. 외로운 시간들을 의로워지는 시간과 기회로 만들자. 병든 세상 속에서 상처받지 않도록 찬송과 말씀으로 만들어진 믿음의 방패를 준비하자. 자신을 보는 한 눈밖에 없는 이들에게 하나님을 볼 수 있는 두 눈이 필요함을 깨닫게 하자. 그러면 우리가 사는 세상이 좀 더 크게 건강해지지 않겠는가.

 남자들만의 싱크 토크

1. 나는 과연 한 개의 눈을 가진 세상 사람들 가운데서 두 개의 눈을 가졌다고 확신하며 살고 있는가? 나의 믿음을 흔들리게 하는 것들은 무엇인가?

2. 나는 성공에 대해 얼마나 집착하는가? 그것으로 인해 점점 세상적으로 물들고 있지는 않은가? 세상적으로 살다가 주님 앞에 나오면 경건한 그리스도인으로 사는 이중생활이 자연스럽게 느껴지는가?

남자의 기도

하나님 아버지, 성공을 위해 세상 원리를 따르며 애써 저 자신이 그리스도인임을 망각하려 했습니다. 세상의 조롱을 견디내며 외로워질 용기를 저에게 주옵소서. 발바닥부터 머리까지 성한 곳이 없는 저를 감싸 주시고 치유해 주옵소서. 예수 그리스도의 이름으로 기도드립니다. 아멘.

12. 진정한 성공의 의미

허탈하지 않은 성공

"…네가 네 마음에 이르기를 내가 하늘에 올라 하나님의 뭇 별 위에 내 자리를 높이리라 내가 북극 집회의 산 위에 앉으리라 가장 높은 구름에 올라가 지극히 높은 이와 같아지리라 하는도다…"(사 14:4-23).

남자들의 인생을 살펴보면 하나님 없이 자신의 노력만으로도 성공할 수 있다고 착각할 때가 많다. 그래서 자신이 왕국의 창설자가 되고 황제가 된 듯 살아간다. 자신의 능력 아래 모든 사람이 자신을 위해 존재하는 것처럼 여기며 생활하는 것이다. 이처럼 때때로 하나님을 알지 못하는 교만한 남자들의 삶은 바벨론과 같은 모습과 비슷할 때가 있다.

바벨론 제국은 절대적이고 세계적이며 영속적인 제국이 될 것 같았다. 그래서 그들은 하늘 높은 자부심을 가지고서 하나님과 겨루었다. 바벨론 왕들은 연이어서 하나님의 백성을 압제하였다. 군주와 제국은 어마어마한 부와 권세를 획득하여 금빛 성읍을 이루었다. 여러 민족을 억압함으로써 엄청난 부를 쌓은 바벨론 왕은, 그들을 자기 뜻에 따르게 했다. 그는 세계를 황무케 하며, 포로들을 가혹하게 다루었다.

바벨론 왕은 자기가 주변의 모든 나라들보다 뛰어나며 하늘이 땅에서 높은 것같이 자기 주위에 있는 모든 자들보다 높아지겠다고 장담했다. 마지막 군주였던 벨사살은 예루살렘 성전의 그릇들을 더럽히려고 가져오게 하였다(단 5:2). 열방의 왕들은 모두 각각 자신의 묘지에 묻혔지만(18절) 바벨론 왕은 내쫓겨서 무덤조차 없다(19절). 벨사살은 세상의 모든 용사의 두려움(겔 32:27)이었지만 그 나라가 불시에 습격당한 그날 밤에 죽임을 당한다(단 5:30). 자신을 지켜줄 것이라고 믿었던 모든 것들이 결정적인 순간에 아무런 도움이 되지 못했다.

남자들이 그토록 소망하는 성공은 겉은 화려하지만 속은 빈 강정이어서 생각했던 것보다 초라할 때가 많다. 그래서 성공한 이후에 허탈감에 빠지는 게 남자들의 인생이다.

남자들이여, 가장 성공한 사람은 가장 실패한 인생이 될 수도 있다는 것을 아는가? 산을 오르면서 내려올 준비를 해야 한다는 말이 있다. 하나님을 무시하고 살아도 좋을 만큼 성공한 인생은 없다. 성공만을 위해 사는 인생은 그 끝이 절벽이고 허무하다. 우리의 인생의 끝은 희망이어야 한다. 누군가 나를 존경하고 사랑한다면 그것이 성공이요, 천국에서 나를 환영하실 하나님과 천국 백성이 있는 인생이 영원한 성공자다. 지금 모든 것들을 포기하고 달려가는 내 인생 끝에는 무엇이 있을까? 아무리 성공이 중요하다 할지라도 하나님을 잊지 말아야 한다.

 ## 남자들만의 싱크 토크

1. 성공 병에 걸려 하나님도 보이지 않은 적이 있는가? 성공을 향해 달려가면서 나의 능력과 재능으로 얼마든지 이룰 수 있다고 자만한 적이 있는가?

2. 세상적인 성공을 경험했다면, 그것이 어떠했는지 이야기해 보자. 그 끝이 허탈하고 허망하지는 않았는가?

남자의 기도

하나님 아버지, 바벨론 왕처럼 교만에 빠지지 않기를 원합니다. 세상적인 성공은 허무하고 끝이 보이지 않는 낭떠러지임을 깨닫게 하옵소서. 오직 천국에서 맛보는 기쁨만이 영원한 성공임을 알게 하옵소서. 예수 그리스도의 이름으로 기도드립니다. 아멘.

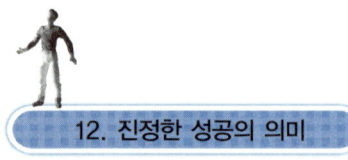

12. 진정한 성공의 의미

하나님의 인생경영

"만군의 여호와께서 맹세하여 이르시되 내가 생각한 것이 반드시 되며 내가 경영한 것을 반드시 이루리라 내가 앗수르를 나의 땅에서 파하며 나의 산에서 그것을 짓밟으리니 그때에 그의 멍에가 이스라엘에게서 떠나고 그의 짐이 그들의 어깨에서 벗어질 것이라 이것이 온 세계를 향하여 정한 경영이며 이것이 열방을 향하여 편 손이라 하셨나니 만군의 여호와께서 경영하셨은즉 누가 능히 그것을 폐하며 그의 손을 펴셨은즉 누가 능히 그것을 돌이키랴"(사 14:24-27).

서점에 전시되어 있는 경영학 관련 서적들을 읽은 기업이라면 어느 기업도 망할 것 같지 않다. 그 책의 내용대로만 하면 모두가 성공하고 잘 될 것 같지만 사실은 모두 잘 되지는 않는다. 주식투자에 대한 책을 쓴 저자도 주식으로 부자가 되지 못한다. 사람의 경영은 성공하는 것보다 실패하는 것이 더 많다. 최고의 전문가들이 모여서 준비한 계획들도 약점이 드러나고 실패할 때가 많다. 자본주의의 철통 같은 경제정책들이 실패할 수 없는 정책들로 보였지만 미국의 모기지론 문제로 굴지의 대기업들이 파산했다.

이사야는 당시 세계를 정복했던 대제국 앗수르가 멸망하게 될 것을 예언하면서 하나님께서 경영하신 것은 결코 이루지 못하거나 폐하여지지 않는다는 것을 선언한다. 세상의 모든 것들은 온전한 성공이 없고 실패를 동반한다.

남자들은 인생을 실패하지 않기 위해 버둥거릴 때가 많다. 실패하지 않기 위해 마음 졸이며 자신이 세운 목표를 이루려고 온갖 노력을 다한다. 남자들은 실패를 받아들이는 일에 익숙하지 않다. 언제든지 성공하고 싶고, 자신의 능력이 증명되기를 원한다. 대부분의 남자들에게는 "슈퍼맨 콤플렉스"가 있다. 또한 행운을 통해서라도 자신의 인생이 성공하기를 원하는 "파랑새 콤플렉스"도 있다. 대부분은 인생에서 일어날 수 있는 실패를 담담히 수용하고 내일의 성공을 준비하는 것을 힘들어한다. 실패 뒤에 찾아오는 성공보다는 실패 없는 성공을 더 소망한다.

이처럼 실패를 두려워하는 남자들을 향해 하나님은 실패하시는 일이 없음을 선언하신다. "만군의 여호와께서 맹세하여 이르시되 내가 생각한 것이 반드시 되며 내가 경영한 것을 반드시 이루리라"(사 14:24). 인간의 능력으로 헤아려볼 때 실패할 수밖에 없다고 생각되는 일들에 대해 "이것이 온 세계를 향하여 정한 경영이며 이것이 열방을 향하여 편 손이라 하셨나니 만군의 여호와께서 경영하셨은즉 누가 능히 그것을 폐하며 그의 손을 펴셨은즉 누가 능히 그것을 돌이키랴"(사 14:26-27)라고 확정적으로 말씀하신다.

남자들이여, 실패가 두려운가? 나의 지혜를 최고로 여기지 말고 하나님의 경영능력 앞에 겸손해지자. 탁월한 인생 경영자이신 하나님을 나의 사장님으로 모시고 싶다면 "사람이 마음으로 자기의 길을 계획할지라도 그의 걸음을 인도하시는 이는 여호와시니라"(잠 16:9)는 말씀을 믿고 그분께 우리의 인생을 맡겨 두려움에서 해방되자.

 ## 남자들만의 싱크 토크

1. 실패에 대한 두려움이 있는가? 실패하지 않기 위해 어떤 노력들을 했는가?

2. 실패하지 않으시는 하나님을 믿는가? 그 사실을 믿는다면 어떤 삶을 살아야 하는가?

Prayer 남자의 기도

하나님 아버지, 실패하지 않고 성공하기 위해 버둥거리며 살았습니다. 하지만 수없이 겪는 실패 가운데 좌절하고 그것에 직면하는 일이 두려웠습니다. 이제 하나님께서 경영하시면 실패가 없음을 믿고 하나님을 제 인생의 경영자로 모시게 하옵소서. 예수 그리스도의 이름으로 기도드립니다.

PART 4
내 믿음을 다지는 맛있는 반찬들

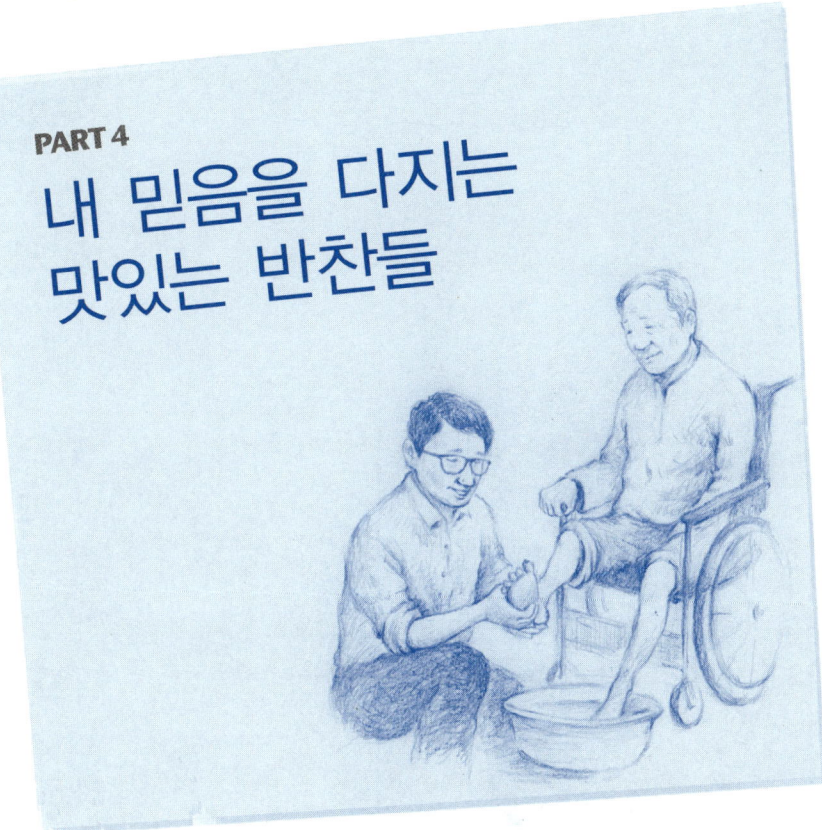

남자들이여, 내 인생의 현실에 보이는 약점들이 나를 두려움에 빠지게 하는가? 하나님을 믿지 않고 하나님과 동행하지 않는 인생은 나약한 인생이다. 모든 현실이 두려움이 된다. 내 삶이 하나님과 함께하면 어떻게 될지 생각하는 습관을 갖자. … 여호수아와 갈렙처럼 오늘 나의 현실을 내 능력이 아니라 지난 세월 나와 동행하신 하나님의 능력의 눈으로 바라보자.

하나님 아버지,
모세와 함께하면서 80년 동안 준비하며
하나님의 사람으로 우뚝 선 여호수아의 삶을 보았습니다.
인내와 믿음으로 하나님께서 보여 주시는 길을 따라 갈 수 있게 하시고,
영적으로 준비된 자가 되게 하옵소서.
예수 그리스도의 이름으로 기도드립니다. 아멘.

13. 교회에서 본이 되는 남자

함께 설 사람들

"…너희는 이스라엘 자손의 모든 회중 각 남자의 수를 그들의 종족과 조상의 가문에 따라 그 명수대로 계수할 지니 이스라엘 중 이십 세 이상으로 싸움에 나갈 만한 모든 자를 너와 아론은 그 진영별로 계수하되 각 지파의 각 조상의 가문의 우두머리 한 사람씩을 너희와 함께하게 하라…"(민 1:1-19).

애굽으로 간 70명의 사람들은 430년이 흐른 후 200만 명 이상의 대집단이 되었다. 출애굽을 한 지 2년이 지났지만 이스라엘 백성들은 능률적인 광야 여행과 가나안 정복을 대비한 군대 개편을 위해 인구조사가 필요했다. 그리하여 각 지파의 관리책임자를 선별하여 조직을 효율성 있게 정비하였다. 광야에서 만나는 원주민들과의 전쟁에서 백성들을 보호하고 앞으로 닥칠 문제들에 대한 준비가 필요했기 때문이다.

모세와 아론의 힘만으로는 거대한 이스라엘 백성들을 움직이기에 무리였다. 애굽에서 노예생활을 했던 이스라엘 백성들은 거친 광야를 행군하는 것도 쉽지 않았고, 이러한 속도라면 가나안을 정복하는 일도 요원한 일처럼 보였다.

이러한 공동체적인 문제에 대해 하나님은 어떻게 말씀하고 계실까?

창세기에서는 선택 행위에 있어서 하나님의 부르심을 들을 수 있고, 출애굽기에서는 구속 행위에 있어서 어린양의 피를 주목하게 되며, 레위기에서는 성소의 예배와 봉사에 대한 내용들을 접할 수 있는데, 민수기의 경우는 책장을 열자마자 전사와 군대와 기(旗)와 진과 경고를 발하는 나팔에 관해 나온다. 광야에서는 "싸움에 나갈 만한" 사람들이 계수되었고, 특별히 각 지파에서 모세와 함께 설 사람들이 필요했다. 많은 회중들에게 문제가 발생했을 경우 신속하게 대응하고 조직을 강화시켜 전쟁을 치를 수 있도록 하려면 모세와 함께 설 사람들이 필요했다.

모세와 함께 서는 자들은 회중에서 부름을 받은 자들이요, 지휘관으로서 이스라엘 종족들의 우두머리다. 모세와 아론을 보필하여 함께 하나님의 일을 한다는 것은 아무나 할 수 있는 일들이 아니다. 지명하여 (민 1:17) 개인적으로 확실하게 부르신 사람들만이 가능했다. 이처럼 성경에서 부름 받은 모세와 사도 바울과 같은 남자들은 확실한 소명의식과 함께 헌신적인 충성을 바쳤다.

남자들은 교회에서 중심적인 역할을 많이 한다. 특별히 의사결정을 하는 중심에 서 있을 때 더 그렇다. 이때 내가 가진 특권을 행사하는 것이 아니라 섬김의 자리에서 하나님과 교회를 위해 봉사하는 성도가 되어야 한다. 회중 가운데서 하나님이 일을 맡기시려고 부르신 사람이라는 것을 잊지 말고 겸손으로 허리를 동여매야 할 것이다. 종족들의 우두머리 역할을 하지만 주어진 일들을 "명령하신 대로"(민 1:19) 해야 한다.

남자들은 모든 조직의 중요한 위치에서 섬길 기회가 많이 있다. 그럴 때일수록 특권의식에 가득 차 겸손보다는 자기 의(義), 순종보다는 비판과 지적을 일삼는 것이 아니라 온전한 희생과 헌신의 모습을 보여야 한다. 남자들의 섬김은 예수님이 우리를 위해 온전히 섬기신 것같이 섬겨야 하는 것이다. 내가 중요한 것이 아니라 나를 통해 이루실 하나님의 사랑이 중심이 되어야 온전한 섬김이 된다.

남자들이여, 회당의 상좌와 잔치의 상석을 원하는 서기관들(막 12:39)과 같은 마음을 품고 있는가? 아니면, 하루하루 모든 사람들이 함께 설 수 있는 온유함과 성실과 믿음의 은혜를 덧입고 생활하는가? 하나님께서 우리를 지명하여 부르시고 맡기신 일들을 통해 내가 아닌 하나님의 영광이 나타나야 한다. 내가 원해서 하나님을 위해 봉사하는 것이 아니라 하나님이 나를 지명하여 부르셔서 일을 맡기셨다는 생각이 바로 충성된 청지기 의식이다. 내가 하나님의 영광을 위해 봉사하고 있다면 하나님이 나를 지명하여 부르셔서 그 자리에 세우신 것이다. 이 얼마나 영광스러운 일인가!

 ## 남자들만의 싱크 토크

1. 나는 교회에서 어떤 일을 감당하고 있는가? 혹시 그 일을 통해 내 의를 드러내려는 시도를 해본 경험이 있는가?

2. 어떻게 하면 하나님께서 나를 지명하여 맡기신 일을 충성된 청지기 의식으로 행할 수 있을까?

Prayer 남자의 기도

하나님 아버지, 교회에서 맡은 일이 작든 크든 하나님을 위해, 교회를 위해 감사함으로 감당할 수 있도록 도와주옵소서. 교회에서의 자리를 인간적인 욕심과 특권의식으로 바라보지 않도록 하옵소서. 겸손과 온유와 성실과 믿음으로 성도들을 섬길 수 있는 자가 되게 하옵소서. 예수 그리스도의 이름으로 기도드립니다. 아멘.

13. 교회에서 본이 되는 남자

하나님을 사랑하는 자의 인생 매뉴얼

"…책망할 것이 없고 한 아내의 남편이며 방탕하다는 비난을 받거나 불순종하는 일이 없는 믿는 자녀를 둔 자라야 할지라 감독은 하나님의 청지기로서 책망할 것이 없고 제 고집대로 하지 아니하며 급히 분내지 아니하며 술을 즐기지 아니하며 구타하지 아니하며 더러운 이득을 탐하지 아니하며 오직 나그네를 대접하며 선행을 좋아하며 신중하며 의로우며 거룩하며 절제하며 미쁜 말씀의 가르침을 그대로 지켜야 하리니 이는 능히 바른 교훈으로 권면하고 거슬러 말하는 자들을 책망하게 하려 함이라…"(딛 1:5-16).

남자들이라면 누구나 군인수첩에 대한 기억이 있을 것이다. 군대에서 입었던 군복 상의 주머니 안에는 군인정신과 군복무를 위한 내용들이 빼곡히 기록된 군인수첩이 있다. 군인으로서 가져야 할 기본정신에 대한 내용들은 자신의 정체성을 확인하고 행동하게 하는 행동강령과 같은 것이었다.

사도 바울이 디도에게 제시한 가장 중요한 임무 중 하나는 장로를 세우는 일이었다. 장로는 생활 속에서 책망할 것이(딛 1:6) 없어야 한다. 또한 성품과 생활에 있어서 모범이 되어야 한다. 게다가 더 특별히 갖추어야 할 장로로서의 자격이 있다. 그것은 가정 안에서 혼인의 순결을 지키며 경건한 리더십을 발휘하고, 믿음의 가장이 되어 자녀들과도 좋은 관계를 유지해야 하는 것이다. 가정 안에서 좋은 남편, 좋은 아버지가 되는 일은 책망할 것이 없는 사람으로서 좋은 성품을 갖는 것보다 더 중요하게 취급되었다.

바울은 남자가 리더십을 갖는 일에 있어서 매우 구체적이고 실제적이며 높은 수준의 삶을 요구하고 있다. 자신의 감정에 치중하는 일이 없어야 하며, 술을 즐기는 것을 금하고, 더러운 이득과 같은 탐욕에 대해서도 금하고 있다. 이웃과의 관계도 좋아야 하며 하나님의 말씀에 대해 철저한 순종의 삶을 살아야 한다. 또한 진리를 훼손하는 자들에 대해 강력히 대응할 것을 요구한다.

구원은 누구에게나 주어질 수 있다. 하지만 지도자의 직무는 도덕적, 인격적인 부분은 물론 실천적인 부분에 이르기까지 세밀하고도 엄격한 지침들을 통과해야만 주어질 수 있다. 이러한 기준들은 그리스도인 남자들의 인생 매뉴얼과 같은 것이다. 나는 장로가 아니기 때문에 해당사항이 없다고 발뺌할 수 없다. 장로가 되기 위해 이런 기준을 지키는 것이 아니라 경건한 남자가 되기 위해 필요한 지침들이다. 이러한 지침들이 나의 인생 매뉴얼이 되어 스스로를 경계하고 교훈하는 일에 힘써야 하며, 일상을 결정하는 중요한 삶의 기준이 되어야 한다. 지도자가 되기 위해 이것들을 지키는 것이 아니라, 하나님을 사랑하는 남자에게 필요한 적합한 삶의 모습이기에 지키려고 노력해야 한다. 오늘 우리는 이러한 기준들을 하나하나 풀어서 나의 삶에서 어떻게 이뤄지고 있는지를 점검해 볼 필요가 있다.

남자들이여, 내가 그리스도인이라는 사실을 주변 동료들이 인정하는 부분들은 무엇인가? 내가 자랑스럽게 여기는 덕목들은 무엇인가? 나의 어떤 태도가 주변 동료들의 마음에 감동을 주고 있는가? 그릇된 행동을 하게 만드는 나의 연약한 모습은 무엇인가? 스스로의 문제를 돌아볼 줄 아는 사람은 지혜로운 자요, 자신의 삶을 소중하게 여길 줄 아는 사람이다. 가족과 동료들에게 나를 나답게 만드는 인생 매뉴얼을 보여 줄 수 있는 그리스도인으로 살자.

 **남자들만의 싱크 토크**

1. 나는 과연 교회 안에서 리더로서의 역할을 잘하고 있는가? 교회의 리더로서 보여야 할 덕목들은 어떤 것이라 생각하는가? (3가지만 찾아보자)

2. 내가 찾은 3가지 덕목 중에 나에게 가장 연약한 부분은 무엇인가? 부족한 부분은 어떤 방법을 통해 보완할 수 있는가?

Prayer 남자의 기도

> 하나님 아버지, 사도 바울이 말하고 있는 엄격한 행동 지침들을 제 삶 속에서 하나하나 이루어질 수 있기를 소원합니다. 그것이 나의 인생 매뉴얼이 되어서 교회에서뿐만 아니라 가정과 사회에서도 본이 되는 경건한 남자가 되게 하옵소서. 예수 그리스도의 이름으로 기도드립니다. 아멘.

13. 교회에서 본이 되는 남자

남자들의 영적 명함

"여호와의 종 모세가 죽은 후에 여호와께서 모세의 수종자 눈의 아들 여호수아에게 말씀하여 이르시되"(수 1:1).

남자들은 처음 만나는 사람들과 항상 명함을 주고받는다. 일명 카드놀이라고 한다. 명함을 정중하게 주고받은 뒤 명함에 쓰인 내용을 살펴본다. 그 명함을 보면 그 사람이 어떤 사람인지에 대해서 기본적으로 알 수 있게 된다.

여호수아를 보면 "모세의 수종자 눈의 아들 여호수아"라고 적혀 있다. 여호수아라는 직함 앞에 붙은 "모세의 수종자"라는 표현은 모세의 사환(심부름꾼)을 뜻하는 말이 아니다. 이 표현은 "보좌관 혹은 부관"(副官) 이라고 해야 적합할 것이다. 여호와의 종 모세가 죽은 후에 이스라엘의 지도자로 세움 받은 여호수아는 어떤 사람이었는가?

여호수아는 유명한 에브라임 지파의 일원으로서 뼈대 있는 집안 출신이었다. 그는 아말렉과의 전투에서 처음으로 군대를 지휘하였고 승리를 거두었다. 자신의 칼과 전략으로 승리를 거둔 것이 아니라 하나님께 기도함으로 승리했다(출 17:14). 아말렉과의 전쟁에서 이긴 후의 여호수아를 보면, 그가 얼마나 모세에게 충성했는지, 그런 여호수아를 모세가 얼마나 신임했는지 알 수 있다. 여호수아는 언약 체결에 따른 희생제사의 음식을 먹으러 산에 오르는 모세와 모세의 조카들과 70장로를 수행했다(출 24:9). 또한 모세의 수종자로 모세와 함께 시내 산에 올라가는 특권을 누렸다(출 24:13). 40일이 지난 후, 모세가 모습을 드러내자, 여호수아는 가장 먼저 이스라엘 백성이 우상 숭배에 빠진 일들을 모세에게 알렸다(출 32:17). 그 후에 여호수아는 모세 곁에 머물면서 "회막을 떠나지 아니했다"(출 33:11).

여호수아는 가나안 땅을 정탐한 12명의 정탐꾼 가운데 한 사람이었다. 그리고 다른 정탐꾼들과는 다르게 가나안 땅을 취할 수 있다고 용감히 말하는 갈렙의 주장을 지지했다. 후에 여호수아와 갈렙은 이렇게 말했다.

"여호와께서 우리를 기뻐하시면 우리를 그 땅으로 인도하여 들이시고 그 땅을 우리에게 주시리라…다만 여호와를 거역하지는 말라"(민 14:8-9).

여호수아와 갈렙은 장애물을 무시할 줄 알았으며, 하나님을 합당하게 신뢰하고 올바르게 경외할 줄 알았다.

제2차 인구 조사 후에 발람의 사건이 일어났고(민 24:1-25:3, 31:16), 슬로브핫의 딸들이 기업을 요구하고 얼마 있지 않아 하나님은 모세에게

"눈의 아들 여호수아는 그 안에 영이 머무는 자니 너는 데려다가 그에게 안수하라"고 말씀하셨다(민 27:18). 이는 여호수아가 모세를 승계한다는 공식적인 선언은 아니었다. 하지만 이 사건은 여호수아가 백성들 앞에서 하나님의 힘 있는 대표자가 된다는 사실을 알린 것이나 마찬가지였다. 훗날 하나님께서 모세에게 "네가 죽을 기한이 가까웠으니 여호수아를 불러서 함께 회막으로 나아오라 내가 그에게 명령을 내리리라"(신 31:14)고 말씀하신 직후, 여호수아는 공식적으로 임명되었다. 하나님은 여호수아에게 "너는 이스라엘 자손들을 인도하여 내가 그들에게 맹세한 땅으로 들어가게 하리니 강하고 담대하라 내가 너와 함께하리라"고 말씀하셨다(신 31:23). 모세가 죽은 후에, 하나님은 여호수아를 택하신 사실을 다시 확증하셨다.

"내 종 모세가 죽었으니 이제 너는 이 모든 백성과 더불어 일어나 이 요단을 건너…너를 능히 대적할 자가 없으리니 내가 모세와 함께 있었던 것같이 너와 함께 있을 것임이니라…"(수 1:2, 5).

변화는 매끄럽게 이루어졌다. 성경 어디에도 여호수아를 내쫓으려는 음모나 공격이 기록되어 있지 않은 것을 보면 모든 사람이 즉시 여호수아를 받아들였음에 틀림없다.

여호수아서에 가장 먼저 나오는 내용은, 여호수아의 지도권이 신적 기원을 가지는 것이며, 백성에 의해 인정하기 시작한 것이다. 그리고 여호수아서의 마지막(24:29-33)은 그가 생애의 마지막까지 어떻게 그 지도권을 성공적으로 사용했는가를 보여 준다. 이것은 오경에서 출애굽 사건과 시내산 언약을 거쳐 모압 언약에 이르기까지 이스라엘의 전 행진을 인도했던 모세의 권위가 시작되고 확립된 것과 유사하다(출 3:13; 신 34:9-12). 이 사실을 단적으로 나타내는 말은 여호수아의 지위가 격상한 것이다. 여호수아 1:1에서 여호수아의 지위는 여호와의 종이었던 '모세의 수종자'였으나, 여호수아 24:29에서는 당당히 '여호와의 종' 눈의 아들 여호수아로 표기하고 있다. 즉 그는 성공적인 삶을 살았고, 역사적으로 자신의 스승인 모세의 자리를 이어간 것이다. 실제로 2장 이후에 나타나는 여호수아의 행동과 역사가, 거의 대부분 출애굽기에서 신명기까지 기록된 모세의 행동과 아주 흡사하다는 것을 알 수 있다.

여호수아는 여호와의 종으로 살기 위해 자기 생애의 80년을 준비한 사람이었다. 여호수아는 갑자기 나타난 슈퍼스타가 아니었다. 애굽에서 40년, 모세를 섬기며 광야에서 이스라엘 백성들과 지낸 40년, 이렇게 80년을 준비하고, 25년 동안 이스라엘 민족의 지도자로 살았다. 모세의 멘토링을 통해 철저하게 준비된 지도자가 여호수아였다. 우리는 우리의 인생에 펼쳐질 일들을 위해 얼마나 준비하며 살아가는가?

남자들이여, 하나님은 우리가 부족해도 우리와 함께하셔서 우리를 세워 가신다. 성경은 "그날에 여호와께서 모든 이스라엘의 목전에서 여호수아를 크게 하시매 그가 생존한 날 동안에 백성이 그를 두려워하기를 모세를 두려워하던 것같이 하였더라"(수 4:14)고 말한다. 모세와 함께하신 하나님이 여호수아와 함께하시고 오늘 우리와 함께하신다.

 **남자들만의 싱크 토크**

1. 세상은 우연이 아니라 하나님의 뜻대로 움직이는 것이다. 나를 위한 하나님의 계획을 보여 주시면서 순종하라고 말씀하실 때, 내 모습 가운데 가장 준비되지 못한 부분은 무엇인가?

2. 세상적인 명함이 아니라 하나님의 사람으로서 나의 명함을 만든다면, 나는 그 명함에 무엇을 적을 수 있을지 생각해 보라.

Prayer 남자의 기도

하나님 아버지, 모세와 함께하면서 80년 동안 준비하며 하나님의 사람으로 우뚝 선 여호수아의 삶을 보았습니다. 인내와 믿음으로 하나님께서 보여 주시는 길을 따라 갈 수 있게 하시고, 영적으로 준비된 자가 되게 하옵소서. 예수 그리스도의 이름으로 기도드립니다. 아멘.

하나님 아버지,
지금까지 나의 것을 움켜쥐고 나눌 줄은 몰랐습니다.
제 주변에 힘겹게 살아가며 도움이 필요한 많은 이들에게
작은 것부터 나누는 삶을 살게 하옵소서.
다른 이의 행복을 위해 봉사하고 희생할 때
더 큰 행복과 축복이 있음을 경험하게 하소서.
예수 그리스도의 이름으로 기도드립니다. 아멘.

14. 나눔의 삶, 기쁨의 삶

성실한 봉사의 위력

"…너희는 성소의 직무와 제단의 직무를 다하라 그리하면 여호와의 진노가 다시는 이스라엘 자손에게 미치지 아니하리라…"(민 18:1-7).

한가한 날 2층 커피숍 창가에 앉아 커피를 마시면서 지나가는 사람들을 구경하면 참 재미있다. 사람들의 각각 다른 모습과 패션, 걸음걸이 등을 보며 다양성의 즐거움을 만끽할 수 있다. '세상이 저 사람들을 통해 굴러가고 있구나' 라는 생각이 든다.

세상에는 많은 직업들이 있다. 우리가 할 수 없는 것들을 수많은 사람들이 해주는 덕분에 수고를 덜고 편안한 삶을 살고 있다. 교회도 마찬가지다. 다양한 사역들과 여러 가지 봉사들이 행해지는데, 그곳에는 항상 말없이 일하는 봉사자들이 있다. 사랑패밀리센터에는 120명 정도의 봉사자가 헌신하는 '사랑의 순례' 라는 부부영성프로그램이 있다. 참석자들에게 1박 2일 동안 천국의 서비스를 경험시켜 주지만 누가 무엇을 했는지는 참석자 어느 누구도 알지 못한다. 오직 섬김이 있을 뿐이다. 그래서 사랑의 순례는 어느 한 사람의 봉사가 아니라 모두의 봉사와 헌신으로 이루어진다. 누구도 아무렇게나 대충 봉사하는 일이 없다. 몸이 아픈데도 자신의 할 일을 미룰 수 없다고 끝까지 나와서 최선을 다하는 봉사자의 모습을 볼 때면 가슴이 찡해지기까지 한다. 어떤 일이든 최고의 헌신으로 봉사하는 그들은 자신이 잘해야 참석한 부부들이 은혜를 받는다고 생각하는 영적 성실함이 배어 있는 봉사자들이다.

하나님은 제사장과 레위인의 직무에 대해 말씀하시면서, 봉사의 의미에 대해 이렇게 이야기하신다. "너희는 성소의 직무와 제단의 직무를 다하라 그리하면 여호와의 진노가 다시는 이스라엘 자손에게 미치지 아니하리라"(민 18:5). 봉사는 나의 인생을 의미 있게 하는 일을 뛰어넘어 다른 사람의 생명을 살리는 일이 된다. 우리의 봉사와 섬김이 다른 영혼이 은혜를 받게 되는 통로가 되기 때문이다. 나의 말 한마디가 누군가에게 예수 그리스도의 말씀을 생각나게 하고, 나의 표정 하나가 예수님의 사랑을 느끼게 하며, 나의 겸손이 누군가를 겸손한 봉사자의 삶으로 인도할 수 있다.

내가 무엇을 잘하는지도 중요하지만 내가 어떤 마음으로 섬기는가는 더 중요하다. 나의 봉사와 섬김은 생명을 살리는 일이기 때문이다. 직장 스트레스로 많이 힘겹다면, 맛있는 음식과 편안한 휴식도 좋지만 마음을 즐겁게 할 수 있는 생각의 자극이나 의미 있는 일들을 실천해보라. 특히 나의 것을 다른 이와 나눌 때 얻게 되는 행복은 지금까지 켜

켜이 쌓인 묵은 스트레스를 한 방에 날려 버릴 것이다.

　남자들이여, 가정에서 직장에서 교회에서 봉사와 섬김과 관련하여 하는 일들이 있다면, 나의 봉사 자세는 어떠한가? 나의 작은 섬김이 누군가의 인생에 있어서 분기점이 될 수 있음을 기억하라. 나의 섬김이 다른 이의 인생을 만지시는 하나님의 손길이 될 때가 많다. 나의 삶을 가치 있는 인생으로 만드는 비결은 명예와 부와 지식이 아니라 그리스도의 사랑이 충만한 섬김이다.

 **남자들만의 싱크 토크**

1. 나는 섬김과 나눔에 익숙한 사람인가? 그것이 어색해서, 아직 여유가 없어서, 미뤄두고 애써 외면하고 있지는 않은가?

2. 나의 삶 가운데 다른 사람을 위해 봉사하는 것들이 있는가? 나의 봉사와 섬김을 통해 변화된 인생을 살아가는 사람이 있는가?

Prayer 남자의 기도

하나님 아버지, 제가 여태껏 살아온 것이 저 혼자만의 힘이 아니라 수많은 사람들의 수고로 가능했음을 깨닫게 됩니다. 나의 삶이 하나님을 섬기고, 다른 이를 섬기는 가치 있는 삶이 되도록 인도하여 주옵소서. 예수 그리스도의 이름으로 기도드립니다. 아멘.

14. 나눔의 삶, 기쁨의 삶

장수의 비결

"네 하나님 여호와를 사랑하고 그의 말씀을 청종하며 또 그를 의지하라 그는 네 생명이시요 네 장수이시니 여호와께서 네 조상 아브라함과 이삭과 야곱에게 주리라고 맹세하신 땅에 네가 거주하리라"(신 30:20).

은퇴 후 위기에 처한 부부들을 만나 상담하는 K씨는 행복하다. 자신의 인생을 통해 다른 사람의 인생을 회복시켜 주는 것이 보람 있다. 결혼을 앞둔 젊은이들을 만나 자신의 실패담과 성공담을 들려주며 행복한 인생의 첫출발을 돕기도 한다. 내가 살아온 '인생경험'이 다른 사람에게는 세상에서 가장 좋은 '인생 실패 예방제'가 되기 때문이다. 호스피스 공부를 한 후 말기암 환자의 임종을 지켜 주고 있는 L씨도 정작 암환자였다. 그러나 이제는 암환자들을 돌보면서 인생의 의미를 날마다 새롭게 하고 있다. "수술 후 몸이 회복된 뒤에 퇴직하고 난 다음의 삶을 돌이켜 보니 남에게 도움만 받고 살아 왔던 것 같아 더 늦기 전에 남을 도와주며 살고 싶어 호스피스 자원봉사를 하게 되었습니다"라며 봉사의 즐거움과 보람에 푹 빠져 있다. 그는 "늘 죽음을 가까이 하면서도 역설적으로 정작 본인은 기쁜 마음으로 살게 됩니다. 마지막 순간까지 희망을 같이 붙잡아 주는 사람이 되어야 하거든요." 그는 임종이 가까운 환자들이 찾을 땐 한밤중에라도 달려 나온다. 연약한 사람들과 함께하며 밝은 미소를 나눠 주고 마음에 힘을 불어 넣어주는 사람은 세상에서 가장 건강한 삶을 사는 사람이다.

봉사활동은 우리의 삶을 의미 있고 보람되게 보내는 좋은 방법이다. 사회에 참여하는 또 하나의 기회라는 점에서 봉사활동은 다른 세대와 화합하고 교류하는 사회 통합적 의미를 지닌다. 무엇보다 중년 이후에 시작하는 봉사활동은 자기계발이라는 측면도 강하다. 지금은 시간이 없기 때문에 나중에 은퇴하면 봉사를 하겠다는 사람들이 많다. 그러나 문제는 시간이 아니라 마음이다. 봉사하는 사람들은 결코 시간이 남아 돌기 때문에 봉사를 하는 것이 아니다. 그들은 자신이 가진 가장 좋은 것을 내놓는 것이다.

가장 바쁜 나이에 시작하는 봉사는 삶에 대해 더욱 넓은 시각을 갖게 해줄 뿐만 아니라 은퇴 후의 정신을 더욱 풍요롭게 해준다. 봉사의 출발점은 하나님을 사랑하는 마음으로 이웃을 사랑하는 마음이어야 한다(요 10:25-37).

우리가 너무나 잘 알고 있는 테레사 수녀의 삶도 범상치 않았다. 가난하고 헐벗은 사람들과 함께하기 위해 인도에 들어갔을 때 테레사 수녀의 나이는 서른여섯이었다. 마흔이 되었을 때, 그녀는 평생 헌신하고 봉사하는 삶의 뿌리가 되었던 '사랑의 선교회'를 만들어 빈민과 고아와 나병 환자와 죽음을 기다리는 사람들의 어머니로 살기 시작했다. 이때부터 그녀는 '마더 테레사'로 불렸다. 그녀는 사랑과 봉사의 특별한 힘을 잘 알고 있었고, 그 험한 일들을 기쁨으로 감당했다. 그녀는 그 기쁨에 대해 이렇게 말했다. "마음속 깊은 곳의 기쁨은 인생에서 걸어가야 할 길을 가리키는 자석과 같다. 아무리 큰 어려움이 있더라도 마음이 가리키는 그 길을 따라야 한다."

우리가 장기적인 계획을 세워 노후 자금을 준비하듯이, 40년 이상 남아 있는 시간을 어떻게 삶의 활력을 유지하며 건강한 영혼으로 살아갈 것인지에 대한 계획을 세워야 한다. 영국의 수필가 찰스 램의 말처럼 "은퇴 후의 시간은 은퇴 전의 시간보다 3배의 가치가 있는 삶"이기 때문이다.

오래 사는 것이 축복이 아니라 하나님의 말씀을 가슴에 품고 말씀대로 이웃을 사랑하며 의미 있게 사는 것이 축복이다(신 3:20). 스탠퍼드 대학의 연구 결과 암 환자의 평균 수명은 19개월인 반면, 자원봉사를 했던 암 환자의 평균 수명은 37개월에 달했다고 한다. 더불어 함께하는 가운데 나의 행복은 자라나고 꿈은 이뤄지는 것이다. 운동을 많이 해야만 오래 사는 것이 아니라 마음이 즐거우면 몸이 건강해진다. 이 땅에서 최고의 장수 비결은 나누며 사랑하며 즐겁게 사는 것이다. 삶을 윤택하고 풍성하게 만드는 것이 나눔인 것이다. 나누는 삶이 주는 기쁨과 풍성함은 나눔이 아닌 다른 방법으로는 절대로 얻을 수 없다. 누군가를 도와준 경험이 있는 사람은 이구동성으로 말한다. 처음에는 돕는다고 생각했지만 나중에 생각해 보면 본인이 더 많은 도움을 받았음을 깨닫게 된다고. 지금 당장 주변을 살피고 작은 것부터 봉사하는 삶을 살아 보자.

　남자들이여, 그대의 인생을 의미 있게 만들고 행복하게 만드는 일상에는 무엇이 있는가? 나의 도움을 받은 누군가가 행복한 미소를 지으며 감사의 기도를 드리는 모습을 본다면 당신의 마음은 얼마나 행복할까? 세상 어디에서도 찾을 수 없는 소중한 기쁨은 나의 인생을 가장 가치 있게 만드는 것이리라. 누군가의 마음속에 감사의 대상으로 머물 수 있다면 당신의 인생은 2배로 장수하는 인생이다.

 ## 남자들만의 싱크 토크

1. 내가 봉사할 때와 누군가에게 섬김을 받았을 때, 어떤 느낌의 차이가 있었는가?

2. 봉사활동은 우리의 몸과 마음을 건강하게 만드는 활력소가 된다. 봉사활동을 통해 얻게 되는 변화는 무엇인가?

남자의 기도

하나님 아버지, 늘 바쁘게 살면서 의미 있는 봉사는 나중으로 미루고 실천하지 못할 때가 많았습니다. 주님, 나눔의 삶이 얼마나 보람되고 행복한 것인지 깨닫게 하옵소서. 그리고 제 삶에서 실천하게 하옵소서. 저의 작은 헌신이 다른 이의 삶에 큰 기쁨과 위로가 되기를 원합니다. 예수 그리스도의 이름으로 기도드립니다. 아멘.

14. 나눔의 삶, 기쁨의 삶

나의 인생 나누기

"다윗이 마하나임에 이르렀을 때에 암몬 족속에게 속한 랍바 사람 나하스의 아들 소비와 로데발 사람 암미엘의 아들 마길과 로글림 길르앗 사람 바르실래가 침상과 대야와 질그릇과 밀과 보리와 밀가루와 볶은 곡식과 콩과 팥과 볶은 녹두와 꿀과 버터와 양과 치즈를 가져다가 다윗과 그와 함께한 백성에게 먹게 하였으니 이는 그들 생각에 백성이 들에서 시장하고 곤하고 목마르겠다 함이더라"(삼하 17:27-29).

은퇴 후에는 어떤 인생이 남아 있을까? 영화 〈어바웃 슈미트〉를 보면 그 일면을 상상해 볼 수 있다. 미국 남부 대형 보험회사에서 40여 년간 근무하다 은퇴를 맞게 된 슈미트 상무의 퇴임축하연은 근사했다. 젊은 후임자가 슈미트 상무의 업적을 높이 치켜세워 주고 오랜 동료가 회사 성장의 공을 슈미트 상무에게 돌리는 장면은 누가 봐도 부럽고 멋진 은퇴였다. 그러나 그는 상무직은 은퇴했지만 아직 그의 마음은 은퇴하지 못했다.

은퇴한 다음날 아침, 눈을 떠보니 늘 그랬듯이 6시 59분에서 7시 정각으로 시계가 넘어가고 있었다. 하지만 출근할 일은 이제 없다. 할 수 없이 아침부터 책상머리에 앉아 돋보기를 쓰고 우편물을 뜯어보던 슈미트는 급기야 회사에 나가 도울 일이 없느냐고 말을 건넸다가 면박만 당하고 돌아온다. 이런 일들을 경험하게 된다면, 시편 기자의 "늙을 때에 나를 버리지 마시며 내 힘이 쇠약할 때에 나를 떠나지 마소서"(시 71:9)라는 기도가 저절로 나올 것이다.

퇴직 후에는 마트에 가는 일이 큰 외출 행사가 되고 만다. 생명보험 전문가였던 그는 안다. 66세에 은퇴한 남자가 9년 안에 사망할 확률이 70%가 넘는다는 것을. 그나마 밥을 해주고 빨래도 해주며 유일하게 자신을 맞아 주었던 아내마저 뇌졸중으로 급사하고, 하나밖에 없는 딸도 자신을 거부하자 슈미트는 절망감에 빠진다. 그때 탄자니아의 어린이 '엔구두'로부터 한 통의 편지를 받는다. 그 어린이는 슈미트에게서 하루에 77센트(약 1,000원)를 후원받는 아이였다. 엔구두의 편지로 슈미트는 자신의 존재감을 회복한다. 이처럼 아주 작은 것으로 도왔던 사람이 절망의 구렁텅이에 빠진 나를 건져 내고 힘과 위로를 준다.

우리의 인생을 풍요롭고 가치 있게 만드는 것은 무엇일까? 돈과 승진이라고 생각하며 살아온 것이 한국 남자들이다. 그러나 인생을 풍요롭고 가치 있게 만드는 것은 사람이다. 일만 하고 살아온 사람은 일이 끝나면 인생이 적막해진다. 그러나 일하면서 사람과 더불어 함께한 사람은 일은 사라져도 사람이 남는다. 잠시 마음의 여유를 가지고 주변을 돌아보면 나보다 부족하고 연약한 사람들이 참으로 많다. 지금 내가 갖고 있는 것들을 조금 나눠 주면 그들은 더 행복해진다. 장기 기증을 통해 생명이 위태로운 사람을 살릴 수 있듯이, 마음과 생각의 기증을 통해서도 심적으로 힘들고 어려운 사람의 인생을 새롭게 열 수 있다.

다윗이 압살롬의 반란으로 곤경에 처해 피난하던 시절 한 부자 노인을 만났다. 그는 길르앗 사람 바르실래였다. 암몬 족속이라면 다윗과는 같은 종족이 아니며 오히려 원수지간에 가깝다. 그러나 바르실래는 다윗과 그를 따르는 무리를 따뜻하게 맞이하고 대접하였다. 나이 80세 노인의 눈에는 종족간의 감정은 중요하지 않았다. 오직 다윗과 함께한 백성들이 들에서 곤하고 시장할 것을 걱정하여 음식을 베푼 것이다. 바르실래의 섬김은 매우 구체적이고 실제적인 도움이었으며, 인간애적인 배려가 묻어나오는 섬김이었다. 나중에 다윗이 귀향하며, 은혜를 갚고자 예루살렘에 동행할 것을 간청했을 때 바르실래는 자신의 인생관, 즉 욕심 없는 노인의 삶의 의미를 설명하며 자신의 아들을 다윗에게 부탁한다. 자신이 가진 것들을 통해 아름답게 섬긴 것들에 대해서 어떤 보상과 대가도 바라지 않는 섬김의 자세와 사명감이 참으로 아름답다.

남자들이여, 나이가 들수록 풍요로워지는 인생은 나와 함께하는 사람들이 많아지는 것이다. 나무를 심은 사람은 산의 한 자락에서 자신이 심은 나무들이 자라는 것만 보아도 행복하다. 하물며 내가 도왔던 사람이 성장하여 어엿하게 인생을 꾸려가는 걸 바라보며 느끼는 행복은 더하지 않겠는가? 위대한 행복을 꿈꾸고 싶다면, 누군가의 행복을 위해 내 인생의 한 부분을 나누어 보자.

 **남자들만의 싱크 토크**

1. 다윗과 그의 무리들을 섬긴 바르실래처럼 아무런 대가 없이 진심 어린 사랑으로 누군가를 돕고 보살필 수 있는가? 그런 경험이 있다면 이야기해 보자.

2. 중년 이후, 나의 삶을 누군가에게 나누어 준다면 어떤 것을 나눌 수 있겠는가? 구체적으로 생각하고 적어 보자.

Prayer 남자의 기도

하나님 아버지, 지금까지 나의 것을 움켜쥐고 나눌 줄은 몰랐습니다. 제 주변에 힘겹게 살아가며 도움이 필요한 많은 이들에게 작은 것부터 나누는 삶을 살게 하옵소서. 다른 이의 행복을 위해 봉사하고 희생할 때 더 큰 행복과 축복이 있음을 경험하게 하소서. 예수 그리스도의 이름으로 기도드립니다. 아멘.

하나님 아버지,
어떤 일이든 경쟁과 일등주의에 빠져
진정한 인생의 행복을 느끼지 못하고 살았습니다.
주님이 주신 행복한 것들에 눈을 돌리지 못했습니다.
칠 부 능선에서 마음의 여유를 갖고 하나님을 바라볼 수 있게 하옵소서.
욕심을 버리고 여백이 있는 삶을 살게 하옵소서.
예수 그리스도의 이름으로 기도드립니다. 아멘.

15. 하나님 중심으로 살다

하나님과 동행하는 삶

"…갈렙이 모세 앞에서 백성을 조용하게 하고 이르되 우리가 곧 올라가서 그 땅을 취하자 능히 이기리라 하나 그와 함께 올라갔던 사람들은 이르되 우리는 능히 올라가서 그 백성을 치지 못하리라 그들은 우리보다 강하니라 하고…"(민 13:25-33).

사람들은 아직 현실로 일어나지 않은 수많은 일들에 대해 두려워한다. 그 두려움이 지나치면 마음의 병이 되기도 한다. 두려움은 여러 가지 마음의 짐을 가중시키나 정작 현실을 개선시키기에는 무력하다.

모세의 지시를 받아 12명의 정탐꾼이 가나안 땅을 살펴보고 왔다. 10명은 두려움에 휩싸여 메뚜기 콤플렉스에 빠졌다. 10명의 정탐꾼은 하나님의 능력을 의심하거나 망각한 상태였기 때문에 두려움에 떨었다. 모세가 12명의 정탐꾼들에게 가나안 거민의 강약과 많고 적음, 성읍이 진영인지 산성인지의 여부, 토지 상태 등을 상세히 알아오도록 하였다. 모세는 정탐꾼들에게 "담대하라"(민 13:20)는 말과 함께 그 땅의 과실을 가져오라고도 지시하였다. 미지의 세계에 대한 두려움이 있으면 바른 현실을 파악할 수 없기 때문에 이들에게 담대하라고 말한 것이다. 현실을 살펴보고 온 정탐꾼 가운데 10명은 이스라엘이 그 땅을 정복하는 것은 불가능하다고 보고했다. 이들은 현실을 보는 눈은 가졌으되 하나님의 능력과 약속을 신뢰하는 믿음의 눈은 갖지 못했다. 두려움으로 바라본 현실은 불가능 그 자체가 되었다. 그러나 여호수아와 갈렙은 다른 정탐꾼들과 같은 현실을 보고 와서 "우리가 곧 올라가서 그 땅을 취하자 능히 이기리라"(민 13:30)고 보고한다.

10명의 정탐꾼은 현실을 있는 그대로 지시한 것들을 살펴보았지만, 담대함이 아니라 두려움으로 살펴본 것이 문제였다. 10명의 정탐꾼은 이스라엘 백성들의 능력을 기초로 현실을 이해하고 가나안 정복 전쟁의 승패 여부를 분석했다. 현실은 불가능을 100% 확인시켜 준다. 그런데 10명의 정탐꾼들은 자신들의 현실 이해를 하면서도 한 가지를 빠뜨린다. 자신들과 광야 40년을 인도하신 하나님을 망각한 것이다. 광야 생활 40년을 보낸 이스라엘 백성들은 강하지 않았다.

우리 인생은 하나님을 빼면 아무것도 아니다. 현실을 이기기는커녕 오히려 현실의 종이 될 수밖에 없는 나약한 인생인 것이다. 그러나 여호수아와 갈렙은 전능하신 하나님의 강력한 힘을 자신들의 능력에 포함시켜 생각했다. 이스라엘 백성들은 부족하지만 전능하신 하나님이 나약한 인생들과 함께하시면 곧 올라가서 취할 수 있다는 믿음과 확신을 가지고 있었다. 우리는 현실을 보면서 좌절할 때가 많다. 내 인생 자체가 약골이고 무능력할 때가 많다. 우리 인생도 하나님을 빼고 생각하면 나그네보다 더 형편없는 인생이 된다.

남자들이여, 내 인생의 현실에 보이는 약점들이 나를 두려움에 빠지게 하는가? 하나님을 믿지 않고 하나님과 동행하지 않는 인생은 나약한 인생이다. 모든 현실이 두려움이 된다. 내 삶이 하나님과 함께하면 어떻게 될지 생각하는 습관을 갖자. 현실과 두려움 가운데서 믿음이 흔들리지 않는 남자가 되고 싶은가? 세상 사람들과 다른 인생을 살고 싶은가? 여호수아와 갈렙처럼 오늘 나의 현실을 내 능력이 아니라 지난 세월 나와 동행하신 하나님의 능력의 눈으로 바라보자.

 **남자들만의 싱크 토크**

1. 나는 두려움으로 가나안 땅을 본 10명의 정탐꾼처럼 세상을 살아가는가? 아니면, 전능하신 하나님의 능력을 믿고 나아가려 한 여호수아와 갈렙처럼 살아가는가?

2. 하나님이 동행하시는 삶은 어떤 삶인가? 현실과 두려움 가운데서 흔들리지 않는 믿음을 소유하려면 어떻게 해야 하는가?

Prayer 남자의 기도

하나님 아버지, 늘 눈앞의 현실 가운데 엎어지고 두려움에 떨 때가 많습니다. 하나님을 잊어버리고 현실만을 놓고 바라보았기 때문입니다. 현실에 얽매인 종이 되어 두려움 가운데 살게 마옵시고 하나님과 함께하며 승리를 확신하는 남자로 살아가게 하옵소서. 예수 그리스도의 이름으로 기도드립니다. 아멘.

15. 하나님 중심으로 살다

나를 자유케 하는 70% 행복

"…모세가 나를 보내던 날과 같이 오늘도 내가 여전히 강건하니 내 힘이 그때나 지금이나 같아서 싸움에나 출입에 감당할 수 있으니 그날에 여호와께서 말씀하신 이 산지를 지금 내게 주소서 당신도 그날에 들으셨거니와 그곳에는 아낙 사람이 있고 그 성읍들은 크고 견고할지라도 여호와께서 나와 함께하시면 내가 여호와께서 말씀하신 대로 그들을 쫓아내리이다 하니…"(수 14:7-14).

자연친화적인 사람과 목적지향적인 사람은 산을 오르는 모습도 다르다. 전자는 자연이 주는 쉼을 누리기 위해 산을 오르는 반면, 후자는 정상에 도달하기 위해 산을 오른다. 그렇다면 우리 중에 산이 주는 싱그러움과 편안함을 온몸으로 느끼며 쉼을 얻기 위해 산을 오르는 사람이 과연 몇이나 될까? 오히려 정상에서 "야호" 하고 외치지 않으면 허전한 사람들이 더 많을 것이다. 하지만 정상에서의 즐거움은 잠깐이다. 조금 있으면 다른 사람의 목소리가 하늘 가득 울려 퍼질 것이다. 정상에 오른 사람들은 수시로 바뀌니 말이다.

산을 오르다 보면 한 가지 깨닫는 것이 있다. 산은 오르기 위해 존재하기도 하지만 즐기고 누리기 위해서도 존재한다는 것이다. 왜 우리는 등산을 할 때도 일을 하듯이 산을 오르내리는 것일까? 산에 와서도 정상에 오르는 데 급하고 내려가는 데 급하다. 휴식도 일하듯이 하는 것이다. 그래서 나는 예전에 등산할 때 갖던 생각을 버렸다. 산 정상까지 꼭 올라야 한다는 욕심을 버린 것이다. 대신 칠 부 능선까지만 올라, 산 아래가 잘 보이는 나무 밑에 자리를 잡고 앉아 묵상도 하고 음악도 듣는다.

내게 필요한 것은 정상에 올라 누리는 정복감이 아니라 나 자신을 돌아보며 내가 사는 세상을 평안한 마음으로 내려다볼 수 있는 여유였다. 칠 부 능선에서 나는 지나온 삶의 칠 부 능선을 되돌아봤다. 지금까지의 내 인생은 정상을 향해 앞만 보고 달려온 인생이었다. 하지만 나보다 먼저 출발한 사람들의 뒤만 쫓느라 내 인생에는 진정한 내가 없었다.

그 후 나는 '70% 행복론'을 갖게 됐다. 쉽게 말해 조금 부족한 것에도 만족하기로 한 것이다. 70% 행복론은 나를 자유롭게 했다. 성공이라는 명분 아래 내 인생을 몰아붙이지 않게 됐다. 남들 보기에는 30% 부족해도 내 삶에 '나'라는 존재가 있고 감사의 제목이 있으며 나눠줄 양식이 있으니 나는 즐거운 인생이며 행복한 인생이다.

1등만을 바라보며 달려가는 남자들 가운데 행복한 사람은 거의 없을 것이다. 뿐만 아니라 1등을 지키기 위한 온갖 몸부림 속에서 행복을 찾아볼 수도 없을 것이다. 성공의 기준은 무엇일까? 지극히 주관적인 것이다. 남들이 성공했다고 말해도 자신이 스스로 인정할 만한 성공이 못 됐다면 그 사람은 성공한 사람이 아니다. 남들이 보기에는 30% 부족해도 내 삶에 내가 있고 감사할 것이 있고 나눠 줄 만한 것들이 있어, 즐거운 인생이라고 평가할 수 있다면 그것이 행복한 인생이다.

꽉 채워진 인생보다는 갈렙처럼 조금 부족하지만 그 부족함에 대해 열등감을 갖지 않고 누군가와 함께함으로 더불어 온전케 되는 인생이 행복하다고 말할 수 있다(수 14:10). 그렇다면 30%는 포기해도 된다는 의미일까? 그렇지 않다. 나머지 30%의 인생은 조금 더 여유 있게 내 인생을 바라보기 위한, 나 자신을 위한 행복적금이라 생각하면 된다. 나는 하루하루 최선을 다해 살지만 삶의 즐거움, 삶의 가치가 담겨 있지 않은 성공을 꿈꾸지 않는다. 70% 행복론은 100점의 기대치와 만족감을 창출하는 그야말로 훌륭한 인생 수학 공식이다.

남자들이여, 혹시 산 정상을 향해 올라가는 것만이 인생의 목적이라고 생각하며 살았는가? 산의 칠 부 능선에 멈춰 서서 산바람을 맞으며 땀을 식혀 보라. 산을 오르는 사람들의 즐거움과 산을 내려다보는 즐거움을 동시에 만끽할 수 있다. 70%의 행복은 인생을 자유롭게 만들어 준다. 나머지 30%는 경쟁이 아니라 자유로운 여백으로 두자. 부부관계도, 자식 농사도 마찬가지다. 70%에 만족하고 30%에 대해서는 마음을 비우면 서로가 행복해진다.

갈렙의 삶은 70% 행복을 추구했지만 온전한 100%의 성공을 누리는 삶이었다. 성경에 어느 누구도 하나님께 "여호와께서 말씀하신 이

산지를 지금 내게 주소서"(수 14:12)라고 말한 사람이 없다. 이보다 성공한 인생이 또 어디에 있겠는가?

 **남자들만의 싱크 토크**

1. 나는 산을 오를 때 정상까지 올라야 한다는 욕심으로 오르는 목적지향적인 사람인가? 자연의 아름다움을 즐기며 오르는 자연친화적인 사람인가?

2. 나도 갈렙과 같은 삶을 살 수 있을까? 내 인생에서 70% 행복이란 어떤 것일까? 30%의 여유를 가지고, 마음을 비울 수 있는 것들은 무엇일까?

Prayer 남자의 기도

하나님 아버지, 어떤 일이든 경쟁과 일등주의에 빠져 진정한 인생의 행복을 느끼지 못하고 살았습니다. 주님이 주신 행복한 것들에 눈을 돌리지 못했습니다. 칠부 능선에서 마음의 여유를 갖고 하나님을 바라볼 수 있게 하옵소서. 욕심을 버리고 여백이 있는 삶을 살게 하옵소서. 예수 그리스도의 이름으로 기도드립니다. 아멘.

15. 하나님 중심으로 살다

주기도문대로 사는 삶

"그러므로 너희는 이렇게 기도하라 하늘에 계신 우리 아버지여 이름이 거룩히 여김을 받으시오며 나라가 임하시오며 뜻이 하늘에서 이루어진 것같이 땅에서도 이루어지이다 오늘 우리에게 일용할 양식을 주시옵고 우리가 우리에게 죄 지은 자를 사하여 준 것같이 우리 죄를 사하여 주시옵고 우리를 시험에 들게 하지 마시옵고 다만 악에서 구하시옵소서 (나라와 권세와 영광이 아버지께 영원히 있사옵나이다 아멘)"(마 6:9-13).

달리기 선수가 운동장에서 죽을 힘을 다해 달렸다. 정말 놀라운 속도였다. 어떤 선수도 그를 따라붙지 못할 정도였다. 하지만 그 선수는 순위권에 들지 못했다. 달리기 경주 레인을 벗어나 달렸기 때문이다. 모든 레이스는 레인에서 진행되고 각 선수는 끝까지 자기의 레인을 달려야 한다. 누구든지 경기원칙을 벗어나 달린다면 그의 경주를 아무도 인정해 주지 않는다. 인생의 경주도 마찬가지다. 남자들이 최선을 다해 살지만 레인에서 벗어나 인정받기 어려운 삶을 살 때가 종종 있다. 유대인들도 겉으로는 기도와 구제와 금식에 힘썼지만, 그 이면을 들춰보면 자신의 경건을 자랑하고 칭찬받기 위한 외식에 불과했다. 주님이 원하시는 것은 경건을 벗어난 외식이 아니라, 진정한 사랑과 순전한 믿음으로 엮어진 온전한 삶의 경건이었다.

오늘 예수님은 "너희는 이렇게 기도하라"(마 6:9)는 말씀을 시작으로 하나님 나라의 백성들이 이 세상을 살아가면서 가져야 할 최소한의 규칙들과 마인드에 대해 이야기하신다. 예수님은 이 땅에서 살아야 할 삶의 목표에 대해 매우 구체적이고 실제적인 지침들을 말씀하신다. 곧 하나님의 나라와 의를 이루고, 하나님 아버지의 마음으로 더불어 살아가는 이웃들을 용서하며, 악에 대하여 어떤 태도를 가져야 할지 말씀하신다. 그것이 바로 우리가 매일 외우는 주기도문인 것이다. 주기도문은 성경에 있는 모든 말씀의 축약판이다. 뿐만 아니라 주기도문을 가르치신 예수님은 주기도문에 합당한 삶을 살아가는 우리가 경계해야 할 것도 말씀해 주셨다. 외식(마 6:16-18)과 돈을 하나님보다 사랑하려는 헛된 욕망(마 6:19-24)과 인생에 대한 잘못된 염려(마 6:25-32)를 경계하라는 것이다. 주기도문은 하나님이 세상을 이처럼 사랑하신 것처럼 우리가 하나님의 자녀로서 이 땅을 살아가며 꼭 해야 할 기도와 삶의 자세를 보여 준다.

남자들에게는 삶의 기준이 필요하다. 그것은 하나님 나라와 그의 의를 구하는 주기도문적인 삶의 방식을 따르며 사는 것을 말한다. 이것을 잘 행하면 하나님의 영광을 세상에 선포하고 그리스도인으로서 영향력을 행사할 수 있다. 그러나 이 기준이 흔들리기 시작하면 우리의 삶 역시 혼돈으로 가득해진다. 남자들의 인생에서 삶의 기준이 사라지면 회칠한 무덤과 같은 외식의 삶과 재물을 위해 영혼이라도 팔아버릴 것 같은 맹목적인 열정, 또한 자신이 가진 것들에 대한 두려움으로 인생은 거칠어지고 황폐해질 수 있다. 메마르고 황폐한 땅을 황금옷을 입고 두리번거린들 어느 누가 그를 성공한 남자의 인생이라고 말할 수 있겠는가? 예수님은 세상 가운데 살아가는 우리가 얼마나 많은 유혹을 이기며 살아야 할지를 알고 계셨다. 그래서 유혹을 이길 무기로 이 주기도문을 주신 것이다.

남자들이여, 주기도문의 의미를 마음 깊이 새기며 고백하는가? 아니면 예배시간의 마지막 순서쯤으로 생각하고는 습관적으로 암송하는가? 주기도문은 우리가 가장 잘 할 수 있는 기도다. 주기도문은 우리의 간절한 영적 간구여야 하고 삶이 되어야 한다. 믿음은 우리의 삶을 염려로부터 벗어나 하나님 나라와 그의 의로 인도한다.

 남자들만의 싱크 토크

1. 기도하기 어려울 정도로 마음이 어렵고 힘든 상황에서 주기도문으로 기도를 대신해 본 경험이 있는가?

2. 예수님이 가르쳐 주신 주기도문과 같은 삶의 기준을 지키고 살려면 어떻게 해야 할까? 나는 주기도문의 삶을 얼마나 행하며 살고 있는가?

Prayer 남자의 기도

하나님 아버지, 지금까지 습관적으로 주기도문을 외웠습니다. 입으로만 말하고, 삶으로는 말하지 못했습니다. 세상을 이길 수 있는 영적 기준을 주기도문에서 취하고 세상에 영향력을 행사하는 그리스도인으로 거듭나게 하옵소서. 예수 그리스도의 이름으로 기도드립니다. 아멘.

하나님 아버지,
주님께서 주신 거룩한 삶의 지표를 지키며 나실인처럼 구별된 삶을 살기를 원합니다.
하나님과의 약속을 지키며 나날이 새롭게 거듭나는 남자가 되게 하옵소서.
예수 그리스도의 이름으로 기도드립니다. 아멘.

16. 하나님이 주신 내 안의 소명

소명 충전지

"내가 또 주의 목소리를 들으니 주께서 이르시되 내가 누구를 보내며 누가 우리를 위하여 갈꼬 하시니 그때에 내가 이르되 내가 여기 있나이다 나를 보내소서 하였더니"(사 6:8).

"선교적 부르심에 대한 단상"이란 글에서 빌 테일러는 하나님께서 사람들을 선교로 인도하시는 방법에는 크게 네 가지 경로가 있다고 소개했다.

첫째, 개인적인 부르심이다. 선교사 개인이 환상, 강한 성령의 역사, 주님의 음성을 경험하는 것을 말한다. 둘째, '룻과 나오미 모델'이다. 룻이 나오미를 따라가듯 순종을 택하는 것이다. 셋째, 잃어버린 영혼에 대한 연민의 마음에서 헌신하는 것이다. 넷째, 타인들의 필요를 발견하고 자신의 인생과 은사를 선교에 투자하는 것이다. 선교사들의 대부분이 이런 경로를 통해 선교사로 부름 받는다.

"나를 당신의 도구로 써 주소서.

미움이 있는 곳에 사랑을,

다툼이 있는 곳에 용서를,

절망이 있는 곳에 희망을,

어둠에 빛을, 슬픔이 있는 곳에 기쁨을

가져오는 자 되게 하소서."

성가 "평화의 기도"의 노랫말을 지은 성 프란체스코는 기독교 역사상 예수를 가장 많이 닮은 사람으로 알려져 있다. 프란체스코는 1181년 이탈리아 아시시에서 부유한 포목상의 아들로 태어났다. 기사가 되길 꿈꾸었던 그는 22세 때 이웃 도시 페루자와의 전쟁에 출정했다가 포로로 잡혀 1년 동안 병으로 시달린다. 그 후 고향으로 돌아온 그는 어느 날 인생의 전환점을 맞게 된다. 다가오는 나환자를 보고 피했던 그가 자신도 모르게 나환자를 부둥켜안아 입을 맞추고 눈물을 흘리며 외투를 벗어 준 것이다. 23세 때는 성 다미아노 성당의 십자가상 앞에서 기도하다가 "가서 무너지려고 하는 나의 집을 돌보라"는 예수의 음성을 듣고 자신의 소명을 깨닫는다. 프란체스코는 변해가는 아들을 나무라는 아버지 앞에서 옷을 모두 벗은 뒤, "나는 이제 당신의 아들이 아닙니다. 나는 이제 하나님의 아들이 되었습니다"라는 말을 남기고 수행의 길을 나섰다.

우리의 소명과 꿈은 갈등 관계에 있어서는 안 된다. 그리스도인 남자들의 꿈은 곧 세상을 향한 하나님의 부르심이다. 소명이 분명한 사람은 명확한 인생의 꿈을 갖고 있다. 이사야처럼 분명한 소명을 갖고 있는 사람은 자신의 꿈과 소명을 다르게 갖고 있지 않다. 월트 캘러스태드 목사는 『당신의 꿈을 키우라』에서 역동적인 꿈의 방정식은 재능, 하나님의 소명, 준비, 기회라는 네 가지 요소가 하나님으로부터 받은 꿈을 실현하기 위한 굳건한 기초가 된다고 말한다. 하나님은 우리의 꿈을 실현하는 데 필요한 유일하고 진정한 힘의 원천이시다. 성경은 우리를 하나님과 접속시켜 주는 '플러그'다. 우리의 소명을 이루기 위해서는 우리 안에 믿음과 소망과 사랑이 소명 충전지로 가득 채워져 있어야 한다. 믿음은 우리의 꿈을 새롭게 하고 강화시켜 주는 본질적인 요소다. 믿음이 있을 때 정열적인 열정을 가지고 꿈을 성취하는 삶을 살아갈 수 있다. 소망은 성취할 수 있다는 기대가 포함된 열망이라고 할 수 있다. 사랑은 최고의 것을 기대하고 그것을 이루도록 격려한다. 하나님으로 말미암은 믿음, 소망, 사랑이 있을 때 우리의 소명과 꿈은 지치지 않는 열정으로 우리를 이끌어 간다.

남자들이여, 하나님께서 주신 소명을 발견했는가? 소명을 발견하지 못한 남자는 인생을 두려움 없이 열정적으로 살 수 없다. 반면 소명을 발견한 남자는 하나님이 맡기신 일을 순종하며 하나님 나라와 의를 이루는 삶을 살게 된다. 하나님이 나를 통해 이루시려는 일은 무엇인가?

 ## 남자들만의 싱크 토크

1. 내가 좋아하는 일은 무엇인가? 나도 하나님께서 부르실 수 있다고 생각해 본 적이 있는가?

2. 나는 소명을 붙들고 소명을 따라 살고 있는가? 아니면, 승진과 물질과 더 나은 삶이라는 나의 소망을 따라 살고 있는가?

남자의 기도

하나님 아버지, 저의 꿈과 하나님께서 주신 소명이 어긋나지 않는 삶을 살고 싶습니다. 늘 하나님의 음성에 귀 기울이고, 하나님이 보여 주시는 꿈을 따라 살게 하소서. 소명을 이루기 위해 필요한 믿음, 소망, 사랑이 제 마음 가운데 충만할 수 있게 하옵소서. 예수 그리스도의 이름으로 기도드립니다. 아멘.

16. 하나님이 주신 내 안의 소명

남자들의 선택

"…그가 애굽에 가까이 이르렀을 때에 그의 아내 사래에게 말하되 내가 알기에 그대는 아리따운 여인이라 애굽 사람이 그대를 볼 때에 이르기를 이는 그의 아내라 하여 나는 죽이고 그대는 살리리니 원하건대 그대는 나의 누이라 하라 그러면 내가 그대로 말미암아 안전하고 내 목숨이 그대로 말미암아 보존되리라 하니라…"(창 12:10-20).

인생의 목적이 있다는 것은 내가 누구인지, 어디서 와서 어디로 가고 있는지에 대해 명확한 인생관을 갖고 있다는 것을 의미한다. 인생의 목적은 우리 인생을 만들어가기 위한 다양한 선택 과정을 통해 완성되어 간다. 그래서 사람이 인생을 살아가면서 어떤 결정을 내려야 할 때 그 선택 기준은 자신이 정한 삶의 목적에 따라 이뤄지게 된다. 그러므로 이 세상은 그런 수많은 선택으로 만들어진다. 남자들의 인생길은 항상 선택의 기로에 놓여 있다. 그리고 그 선택은 때로 나를 속이고 괴롭히기도 한다.

- 아브라함의 일생도 계속되는 선택의 순간들이 있었다. 하란 땅을 떠나 마침내 가나안 땅으로 인도함을 받은 아브라함은 "내가 이 땅을 네

자손에게 주리라"(창 12:7)는 약속을 받게 된다. 그런데 그 땅에 기근이 들자 애굽으로 떠난다. 이유는 배가 고파서였다. 하나님의 인도하심이 아니라 순전히 인간적인 이유로 방향을 튼 것이다. 하나님이 인도하시고 자손에게까지 주시겠다고 한 가나안 땅을 떠난 아브라함은 애굽에서 자신의 인간성에 직면하는 사건을 경험하게 된다.

'산 넘어 산'이라는 말이 있다. 아브라함은 기근이라는 문제를 피해 애굽으로 들어왔는데 이제는 생존이 위협당하는 상황에 놓이게 되었다. 더군다나 애굽 왕 바로가 그의 아내 사래의 아름다움에 빠져 자기의 아내로 삼고자 했다. 바로는 아내를 데리고 온 아브라함에게 양과 소와 노비와 암수 나귀와 낙타(창 12:16)를 주었고, 아브라함은 더 이상 배고프고 불편할 일이 없었다. 하란에서의 삶이 그리웠을지도 모를 그에게 바로는 넉넉한 재산을 주었다. 그러나 하나님께서 주신 약속을 따라 아브라함과 함께 하란을 떠났던 사라는 아브라함의 곁이 아닌 바로의 집에 있었다. 아브라함에게 있어서 과연 배부르고 풍족한 것과 자신의 아내 사라 중 어떤 것이 더 소중했을까? 여기서 우리는 세상의 물질과 권력 앞에서 올바른 선택을 하지 못했던 아브라함 이전의 어리석고 형편없는 못난 남자 아브람을 본다.

남자들이여, 다양한 선택 앞에서 우리는 먼저 나의 선택 이전에 나를 향하신 하나님의 목적이 무엇인지 헤아려야 한다. 나를 통해 하나님께서 이루시기 원하시는 것은 무엇인가? 자신에게 소중한 것들을 목숨을 내어놓고라도 지킬 수 있는 것이 진정한 남자라는 것을 잊지 말자.

 **남자들만의 싱크 토크**

1. 내가 지금까지 내렸던 선택 중 가장 잘된 선택은 무엇이며, 잘못된 선택은 무엇인가?

2. 나의 선택의 기준은 무엇인가? 세상의 물질과 권력인가? 아니면 하나님의 뜻인가?

Prayer 남자의 기도

하나님 아버지, 인생을 살면서 작든 크든 수많은 선택을 하게 됩니다. 그 기로에 설 때마다 갈등을 겪기도 하고, 고민에 빠집니다. 매순간마다 저를 향하신 하나님의 뜻을 묻고 올바른 선택을 내릴 수 있도록 도와주옵소서. 예수 그리스도의 이름으로 기도드립니다. 아멘.

16. 하나님이 주신 내 안의 소명

이 시대의 나실인

"나실인의 법은 이러하니라 자기의 몸을 구별한 날이 차면 그 사람을 회막 문으로 데리고 갈 것이요"(민 6:13).

대학캠퍼스에 가보면 제복을 입고 모자를 갖추어 쓴 채 검정색 007가방을 들고 다니는 학사장교 후보생들이 있다. 그들은 학생으로서 지켜야 할 학교 교칙과 더불어 학사장교 후보생으로서의 규칙도 철저히 지키며 생활한다. 마치 흐트러질 수 없는 삶의 규칙들이 후보생들의 정체성으로 보였다. 이렇게 학사장교 후보생들처럼 이스라엘 가운데 구별된 삶을 살기로 서약한 사람들이 나실인이다. 여호와 중심으로 살아야 할 선민 이스라엘이 제사장 나라가 되기(출 19:6) 위해서는 거룩한 삶을 사는 실제적인 모델이 필요했다. 이에 하나님께서는 나실인을 통해 성도가 지키며 살아야 할 삶의 표준이 무엇인지 정해 주셨다. 그들은 평생 또는 일정 기간 동안 오직 하나님을 위해 힘쓰고 헌신하는 삶을 살아갔다. 뿐만 아니라 하나님만이 나의 삶의 즐거움이요, 주인이며 영광이라는 사실을 삶을 통해 고백하며 살겠다고 서원했다.

남성 중심으로 기록된 성경에서 나실인에 대해서는 남자와 여자(민 6:2)를 같이 언급하고 있다. 거룩한 삶을 사는 일에 있어서는 신분이나 성별에 따라 차등이 생길 수 없기 때문이었다. 분명한 서약과 실천이 있을 때 남자와 여자 중 누구든지 진정한 나실인이 될 수 있었다.

나실인이 되기 위해서는 자기 몸을 구별하여 여호와께 드려야 한다. 나실인으로 사는 궁극적인 목적은 하나님께 헌신된 삶을 살아 그분께 영광 돌리는 것이다. 이를 위해 나실인은 포도주와 독주를 멀리하고(민 6:3, 4), 머리에 삭도를 대지 아니하며(민 6:5), 시체로 자신을 더럽히지 아니하고(민 6:6), 세속으로부터 자신을 완전히 분리시켰다. 이것이 나실인의 법이었고, 이런 삶을 사는 것은 엄격함 그 자체였다.

대부분의 남자들이 '나는 나실인과 상관없다'고 여길 것이다. 그러나 한 가지 분명한 것은 지금 내가 나실인이 아니라 할지라도 나실인과 같이 거룩한 삶을 살기를 원하시는 하나님으로부터 부름 받아 구원받은 존재라는 것이다. 나실인의 삶을 사는 것은 선택의 문제가 아니라 순종의 문제다. 우리가 세운 서약이 생활 가운데 순종하며 실천하지 못하여 열매를 맺지 못한다면 얼마나 아쉽겠는가. 꽃은 피었는데 열매로 이어지지 못하고 낙화한 과실수의 꽃들처럼 열매 없는 인생을 반복해서는 안 된다. 하나님만을 바라고 사는 100% 헌신된 1명의 그리스도인은 90% 헌신한 100명보다 더 큰일을 할 수 있다.

남자들이여, 우리는 이 시대를 살아가는 나실인이다. 내가 하나님 앞에서 약속했던 작은 믿음의 약속들을 지키며 나를 점점 새롭게 만들어 간다면 이 시대를 살아가는 나실인이 될 수 있다. 날마다 예수님 닮아가는 삶을 살기 위해 칠전팔기의 정신으로 살아간다면 우리는 나실인 클럽의 준회원이다.

 **남자들만의 싱크 토크**

1. 나는 나실인들처럼 그리스도인으로서 구별된 삶을 살고 있는가? 나실인처럼 생활하는 데 가장 큰 장애요인은 무엇인가?

2. 지금까지 내가 하나님 앞에서 한 약속들에는 어떤 것들이 있는가? 그 약속을 지키고 순종하며 열매를 맺었는가?

Prayer 남자의 기도

하나님 아버지, 주님께서 주신 거룩한 삶의 지표를 지키며 나실인처럼 구별된 삶을 살기 원합니다. 하나님과의 약속을 지키며 나날이 새롭게 거듭나는 남자가 되게 하옵소서. 예수 그리스도의 이름으로 기도드립니다. 아멘.

PART 5
미래의 꿈을 이야기하는 차 한 잔

지금 그대의 모습은 그동안 수많았던 선택들이 만들어낸 결과다. 최선을 다한 선택이었든, 2% 부족하게 느껴지는 선택이든 열심을 다했던 자신에게 박수를 보내라. 그런 후에는 인생 하프타임을 보내고 새롭게 시작할 후반전을 위해 스스로를 축복해 주어라.

하나님 아버지,
양손에 떡을 쥐고 어찌할 줄 모르는 아이처럼
욕망의 그네 위에서 이러지도 저러지도 못한 채 지금까지 살아왔습니다.
제 욕심을 버리고 하나님이 던져 주시는
사랑과 나눔의 그네를 꽉 움켜쥘 수 있게 하옵소서.
예수 그리스도의 이름으로 기도드립니다. 아멘.

17. 내 인생의 비전 세우기

하나님께서 인도하시는 방정식

"내가 너로 큰 민족을 이루고 네게 복을 주어 네 이름을 창대하게 하리니 너는 복이 될지라…"(창 12:2-5).

우리는 아침에 일어나 씻고 출근하고 직장에서 분주한 하루를 보내고 나면 밤늦게 집으로 돌아와 또다시 내일을 위해 잠이 든다. 이렇게 반복되는 삶 가운데서 우리는 어느 순간에 하나님의 인도하심을 경험할까?

아브라함의 삶을 묵상하다 보면 하나님이 남자들을 인도하시는 방정식을 발견할 수 있다.

첫째, 하나님은 아브라함에게 비전을 주셨다. 성경은 "내가 너로 큰 민족을 이루고 네게 복을 주어 네 이름을 창대하게 하리니 너는 복이 될지라"(창 12:2)고 말씀하신다. 갈대아 우르가 화려하고 편안한 삶을 줄 수 있다 할지라도 하나님이 아브라함에게 주신 말씀처럼 살 수 없었다.

하나님은 아브라함의 가슴에 세상을 향한 비전을 심어 주셨다. "너는 나의 꿈을 시작하는 출발점이 될 것이라"고 말씀하신 것이다. 아브라함은 자기 고향을 버렸기 때문에 자기 명예도 잃었다. 게다가 아브라함에게는 자식이 없었으므로 영영 이름을 잃게 될까 두려웠을 것이다. 그런데 하나님은 아브라함으로 큰 민족을 이루시고 이름을 창대케 하시겠다고 말씀하셨다. "너는 복이 될지라"는 말씀은 단순히 복을 받는 것을 넘어서 아브라함의 행복이 행복의 표본이 된다는 뜻이다. 우리는 어려서부터 많은 꿈을 꾼다. 꿈이 하도 자주 바뀌다 보니 어느 날인가 자신의 꿈이 무엇인지 헷갈리기 시작한다. 그러다 먹고사는 일이 꿈이 되어 버린다. 나이가 들면 꿈을 잃어버리고 살았던 자신의 삶을 부끄러워하며 좌절한다. 아브라함의 가슴을 가득 채웠던 꿈은 갈대아 우르를 떠날 수 있는 동력이 되었다. 오늘 나에게 펼쳐질 고난과 고통을 나의 꿈을 이루는 과정으로 여길 만한 꿈이 있는가?

하나님이 우리 속에 심으신 꿈은 우리 인생에 있어서 위성항법장치와 같다. 우리가 목표 지점에 다가가면 맥박이 빨라지고 심장이 두근거린다. 반면에 길을 잃어 배회할 때는 목적지를 일깨워 주고, 현재 가는 길이 올바른 길인지 돌아보게 해준다. 또한 목표 지점에 시선을 고정시켜 준다. 그래서 하나님이 주신 꿈이 우리 안에 있으면, 우리는 주의를 흩뜨리는 모든 것을 물리칠 수 있다. 명쾌한 시선으로 삶을 바라볼 수 있으며, 어떤 기만적인 계략도 무찌를 수 있다. 반면 꿈이 없으면 삶이 흐릿해 보이고, 올바른 인생 항로를 찾기 어렵다. 하나님이 우리 마음속에 두신 내비게이션에는 목표를 향해 나아가게 하는 위력이 숨어 있다. 여기에 대항할 수 있는 것은 아무것도 없다.

하나님이 주신 꿈은 가난 속에서 절망과 씨름하던 에이브러햄 링컨을 백악관으로 이끌었고, 말할 수도 들을 수도 없는 헬렌 켈러를 6개 국어를 구사하는 사람으로 만들었다. 또한 토머스 에디슨으로 하여금 진공관 안에 가느다란 필라멘트를 넣어 어둠을 밝히는 전구를 발명하게 했고, 노스캐롤라이나 주 작은 마을 키티호크에서 자전거 가게를 하던 라이트 형제는 동력 비행기를 발명하게 했다.

하나님은 우리에게 어떤 영원한 가치가 있는지 인지할 수 있는 능력을 주셨다. 그것이 바로 하나님의 내비게이션, 곧 꿈이다. 꿈에 붙들려 살아가면 우리를 향한 그분의 계획으로 인도받을 수 있다.

둘째, 하나님은 아브라함과 같은 마음으로 함께하셨다. "너를 축복하는 자에게는 내가 복을 내리고 너를 저주하는 자에게는 내가 저주하리니 땅의 모든 족속이 너로 말미암아 복을 얻을 것이라"(창 12:3)는 말씀 가운데는 하나님의 위로와 공감이 있다. 갈대아 우르를 떠난 아브라함은 닥쳐올 많은 인간관계에 대한 두려움이 있었을 것이다. 하나님은 아브라함에게 누구든지 그에게 축복하는 사람은 축복하고 저주하는 사람은 저주하겠다고 하셨다. 어떤 것이든지 하나님께서 대신 갚아 주시겠다는 것이다. 이보다 더 든든한 말씀이 어디 있을까? 세상 누가 이보다 더 아브라함을 위할 수 있겠는가? 이렇게 아브라함을 위하셨던 하나님은 우리 또한 하나님 나라의 값진 진주로 여기시고 다루어 주신다(마 13장).

눈에 보이지는 않지만, 우리 속에는 하나님이 함께하시는 풍요로움이 가득하다. 사람들은 안에 있는 보물보다 껍데기를 먼저 본다. 하지만 포장지는 내용물의 진정한 가치를 대변하지 못한다. 우리는 보석함을 보석과 혼동하는 실수를 해서는 안 된다. 그러나 너무도 많은 사람들이 이런 실수를 저지른다. 하나님은 우리의 진정한 가치를 아신다. 그러기에 평범해 보이는 아브라함에게 인생백지수표를 제공해 주셨고, 인생의 핫라인을 개설해 주신 것이다. 우리는 아브라함처럼 하나님의 계획을 실행할 사람들이다. 하나님은 우리에게 꿈을 심어 주시고 이루실 분이시다. 그러기에 결코 우리를 소홀히 여기지 아니하신다.

그렇다면 아브라함은 하나님께서 부어 주신 넘치는 은혜를 어떻게 받아들이고 순종하였기에 하나님의 축복이 온전히 임할 수 있었는가? 이 점은 우리 남자들에게 매우 중요하다. 우리에게도 부어 주신 하나님의 은혜와 축복이 넘쳐나는데, 우리는 그것을 받을 만한 그릇과 통로가 준비되지 못해 놓쳐 버리는 경우가 얼마나 많은가?

성경에 나타난 아브라함의 순종과 선택은 어찌 보면 매우 무모한 일이었다. 75세의 나이에 그동안 살던 삶의 터전을 버리고 새로운 땅으로 떠난 것이다. 나이 들어 새로운 일을 선택한다는 것은 참 어려운 일이다. 그러나 하나님은 때로 우리가 믿음 가운데 내리는 무모한 선택을 탁월한 선택으로 이끄시는 분이다. 아브라함은 말씀대로 떠났고 가나안 땅에 들어갔다. 그리고 하나님의 축복을 온전히 누렸다.

남자들이여, 하나님의 말씀 앞에서는 남자의 나이도, 사회적 경력도 고려사항이 못 된다. 오직 순종만이 그분의 축복을 맛볼 수 있는 길이다. 남자들의 인생은 복잡하기 그지없다. 너무 많은 것을 고민하고 너무 많은 것을 걱정한다. 그러나 답은 단순한 데 있다. 하나님이 이끄시는 대로 순종하는 것이다. 그런 남자가 하나님이 기뻐하시는 남자다.

 **남자들만의 싱크 토크**

1. 다른 사람들이 보기에 무모하지만 하나님이 주신 은혜라 생각하고 결정과 선택을 해본 경험이 있는가? 그런 선택의 결과는 어떠했는가?

2. 아직 준비되지 않는 일들에 대해 하나님이 순종과 선택을 요구하신다면 어떻게 하겠는가?

Prayer 남자의 기도

하나님 아버지, 하나님이 제 가슴속에 심어 주신 꿈을 모른 채 엉뚱한 곳에 꿈을 두며 살았습니다. 제 안에 허락하신 거룩한 꿈을 다시 꿀 수 있도록 도와주옵소서. 나이와 상황에 상관없이 하나님이 이끄시는 대로 순종하며 담대히 꿈을 좇아 나아갈 수 있도록 도와주옵소서. 예수 그리스도의 이름으로 기도드립니다. 아멘.

17. 내 인생의 비전 세우기

광야와 사막에서 갖는 소망

"광야와 메마른 땅이 기뻐하며 사막이 백합화 같이 피어 즐거워하며 무성하게 피어 기쁜 노래로 즐거워하며 레바논의 영광과 갈멜과 사론의 아름다움을 얻을 것이라 그것들이 여호와의 영광 곧 우리 하나님의 아름다움을 보리로다…"(사 35:1-10).

산을 올라가는 사람에게는 목표가 멀리 있지 않다. 산 정상이 저 위에 보이기 때문에 힘을 얻고 나아간다. 그러나 광야와 사막은 끝이 보이지 않는 곳이다. 끝이 있다 할지라도 그곳에 도착하기 전까지 시간이 얼마나 걸릴지 예측하기도 어렵다.

남자들의 인생 또한 불확실해 보이고 앞을 내다볼 수 없거나 계획과 경험이 그다지 도움이 되지 않을 때 마치 광야와 사막에서 길을 잃어버린 것과 같다. 인생이란 종종 길을 잃고 방황하다가 스스로 해답을 발견하기도 하고, 사면초가에 처해 헤매다 간신히 빠져나오기도 하며, 때로는 신기루를 좇기도 한다. 길을 잘 가다가도 또다시 길을 잃는 과정의 연속인 것이다.

남자들의 인생에는 가장 악명 높은 변화의 사막이 있다. 원하지 않는 순간에 찾아온 질병, 실업, 사랑하는 사람들과의 이별, 이직과 새로운 사업의 시작, 회사의 합병과 구조조정, 병든 부모의 병간호, 중년의 위기 등이 변화의 사막에 해당한다. 이 변화의 사막 한가운데 있을 때에는 끝이 보이지 않지만 그곳을 지나고 나면 끝이 있다는 것을 알게 된다.

사막을 건널 때에는 한 가지 중요한 규칙이 있다. 지도를 따라가지 말고 나침반을 따라가라는 것이다. 인생의 광야와 사막에는 이정표가 없다. 높은 곳도 바람에 의해 낮은 곳으로 바뀐다. 하지만 인생의 나침반을 따라가면 목표는 보이지 않지만 길을 잃어버릴 일은 없다. 이사야는 인생의 광야와 사막을 건너는 인생이라 할지라도 하나님의 은혜로 걷는 자는 기쁨을 얻고 아름다움을 보게 될 것이라고 예언했다. 사람이 보기에는 광야와 사막 길일지 몰라도 믿음으로 그곳을 지나는 자들은 거룩한 길을 걷게 되는 것이다. 그 어떤 위험도 없으며 광야에서 물이 솟고 사막에서 시내가 흐를 것을 소망한다.

남자들이여, 매일매일 광야와 사막을 건너는 것 같다고 느끼는가? 그러나 우리의 인생이 하나님과 함께한다면 더 이상 광야와 사막이 아니다. 하나님과 함께 걷고 있다면 그곳은 소망이 솟아나는 광야이고 기쁨이 흐르는 사막이 될 것이다. 내가 지금 포기하고 좌절하는 일이 있다면, 무너진 마음을 일으켜 믿음으로 나아가자. 포기할 수 없는 축복이 우리를 기다린다.

 남자들만의 싱크 토크

1. 나의 인생이 광야와 사막으로 느껴지는가? 그렇다면 그 이유가 무엇인가?

2. 나의 인생 가운데 변화의 사막이라 말할 수 있는 일들은 어떤 것이 있었는가? 믿음의 사람으로 광야와 사막을 건넜을 때 그 길이 달라 보인 경험이 있는가?

남자의 기도

하나님 아버지, 한치 앞도 내다볼 수 없는 것이 우리의 인생입니다. 광야와 사막과도 같은 인생을 주님과 함께할 수 있도록 제 안의 믿음을 강하게 붙들어 주옵소서. 그래서 제가 걷는 광야와 사막이 소망과 기쁨이 흐르는 거룩한 곳으로 변할 수 있게 하옵소서. 주님이 제 인생의 나침반이 되어 주실 줄 믿습니다. 예수 그리스도의 이름으로 기도드립니다. 아멘.

17. 내 인생의 비전 세우기

욕망의 그네에서 내려오라

"아나니아라 하는 사람이 그의 아내 삽비라와 더불어 소유를 팔아 그 값에서 얼마를 감추매 그 아내도 알더라 얼마만 가져다가 사도들의 발 앞에 두니 베드로가 이르되 아나니아야 어찌하여 사탄이 네 마음에 가득하여 네가 성령을 속이고 땅 값 얼마를 감추었느냐 땅이 그대로 있을 때에는 네 땅이 아니며 판 후에도 네 마음대로 할 수가 없더냐 어찌하여 이 일을 네 마음에 두었느냐 사람에게 거짓말한 것이 아니요 하나님께로다 아나니아가 이 말을 듣고 엎드러져 혼이 떠나니 이 일을 듣는 사람이 다 크게 두려워하더라"(행 5:1-11).

어린 시절 서커스단이 찾아와 동네 큰 마당에 말뚝을 박고 천막을 치면 이내 동네 아이들이 몰려와 시끌벅적해졌다. 특히 서커스 공연 중에서 공중그네타기를 볼 때면 눈이 휘둥그레지고 신이 나면서도 한편으로는 마음이 조마조마해져서 결정적인 순간에는 눈을 질끈 감곤 했다. 그러고는 무사히 공연이 끝나면 감격의 박수를 쳤던 기억이 난다.

그네를 타는 서커스 단원들은 한 손으로 잡은 그네를 두 번째 그네로 옮겨 타기 전까지는 먼저 잡은 손을 놓지 않는다. 그러다가 다음 그네로 옮겨 탈 때가 되면 과감히 한쪽 그네를 놓고 빙그르르 몸을 회전시켜 자신을 향해 날아오는 그네를 잽싸게 낚아챈다. 이 모든 일들이 공중에서 벌어지는 일들이라 위험하고 아슬아슬하기 짝이 없다.

어쩌면 남자들의 인생도 그네타기와 같을지 모른다. 특히 중년기가 되면 남자들은 안정을 추구하면서도 위험천만한 인생의 그네타기를 시도하기도 한다(행 5:2). 더 이상 한쪽 그네에 머물러 있을 수 없는 조바심 때문이다. 인생의 그네를 옮겨 타려는 시도에는 지금 가진 것을 버려야 하는 위험을 내포하고 있지만 우리의 욕심은 이를 감수한다. 1845년 영국의 탐험가 존 프랭클린의 삶도 그러했다. 그는 북서항로를 찾는 탐험대를 이끌었다. 항해 도중 배들이 얼음으로 인해 움직일 수 없게 되자 탐험대는 걸어서 얼음바다를 건너기로 했다. 결국 몇 년 후 프랭클린은 고급 포도주, 본차이나, 크리스탈 잔 등이 가득한 짐 사이에서 얼어붙은 시체로 발견되었다.

세상에서 가장 붐비는 감옥이 있다고 한다. 그곳에 한 번 발을 들이면 절대 빠져나올 수 없다. 모든 것이 항상 부족하고 끊임없이 뭔가를 요구하게 되는 그 감옥은 바로 욕심이다. 탈옥도 불가능하여 그곳이 곧 매장지가 되기도 한다(행 5:5). 그 감옥에 갇힌 사람들은 끊임없이 더 큰 것, 더 아름다운 것, 더 빠른 것, 더 좋은 것을 원한다. 이렇게 '하나 더'라는 욕망은 남자들의 인생을 망치고 미래의 소망을 앗아가 버린다. 주어진 삶의 자리에서 감사하며 자족하는 삶을 살면 행복한데 '조금만 더', '하나만 더' 갖겠다는 생각에 그동안 쌓아온 명예를 잃어버리고 욕망의 포로가 되고 만다.

아나니아는 새로운 인생의 전환점에서 긍정적인 전환점이 아닌 최악의 자리로 자신의 인생을 몰아갔다. 이것도 얻고 저것도 포기하지 않으려는 욕심에 매인 선택 때문에 마치 솜을 잔뜩 짊어지고서 물을 건너려는 자와 같은 최후를 맞이한 것이다.

대부분의 남자들은 많을 것들을 움켜쥐고 그 위에 올라가 죽음을 맞이하고 싶은 사람처럼 모으고 또 모은다(수 7:16-26). 남자들의 인생은 움켜쥐고 붙들고 사는 인생 같다. 이런 욕망의 감옥에서 어떻게 하면 벗어날 수 있을까?

새로운 욕망 때문에 다른 욕망의 그네로 건너뛰는 것이 아니라 완전히 다른 나눔의 그네로 옮겨 타는 일이 필요하다. 이전에 안간힘을 다해 붙들었던 욕망의 그네를 놓지 않으면 나눔의 그네로 옮겨 탈 수 없다. 뿐만 아니라 욕망의 무게 때문에 그네가 끊어질 수 있다. 욕망의 그네에서 손을 떼는 방법은, 가지고 싶었던 것들과 가지고 있는 것들을 나누는 것이다.

남자들이여, 욕망의 그네를 움켜쥐고 사는 자는 여유로움과 인생의 행복을 맛볼 기회가 없음을 알자. 죽을 때 다 가지고 갈 수 없는 것을 위해 살기보다, 사람들의 마음속에 남기고 갈 수 있는 인생을 사는 것이 유익하리라. 죽기 직전에 바른 인생을 살려 하지 말고 조금이라도 젊은 날에 제대로 사는 법을 내 인생의 법칙으로 만들어 가자. 내 안에 가득한 욕심 대신 나의 것을 나누고 베푸는 사랑과 나눔을 채워 보자. 나를 머릿속에 떠올리기만 해도 감사와 행복을 느끼는 누군가가 있다면 우리의 인생은 훈훈하고 화사한 인생이 될 것이다.

 남자들만의 싱크 토크

1. 내가 타고 있는 그네는 어떤 그네인가? 욕망으로 가득 찬 그네인가, 아니면 나눔이 가득한 그네인가?

2. 내가 놓아야 할 그네는 어떤 것들이 있을까? 그것들을 손에서 놓을 때 내가 과연 죽을 것 같은가? 반대로 놓아버린다면 나는 어떤 자유함을 느낄 수 있을까?

Prayer 남자의 기도

하나님 아버지, 양손에 떡을 쥐고 어찌할 줄 모르는 아이처럼 욕망의 그네 위에서 이러지도 저러지도 못한 채 지금까지 살아왔습니다. 제 욕심을 버리고 하나님이 던져 주시는 사랑과 나눔의 그네를 꽉 움켜쥘 수 있게 하옵소서. 예수 그리스도의 이름으로 기도드립니다. 아멘.

하나님 아버지,
마라톤 인생을 살다 보면 때론 지치고 주저앉고 싶을 때가 많습니다.
그럴 때마다 하나님이 주신 보배로운 약속을 품고 달리며,
나의 믿음을 세상 사람들에게 드러낼 수 있도록 도와주옵소서.
예수 그리스도의 이름으로 기도드립니다. 아멘.

18. 세상을 살아가는 기준

완전한 하나님의 남자

"…노아는 의인이요 당대에 완전한 자라 그는 하나님과 동행하였으며…노아가 그와 같이 하여 하나님이 자기에게 명하신 대로 다 준행하였더라"(창 6:8-22).

우리는 계란과 우유를 완전 식품에 가깝다고 말한다. 좋은 영양분들이 대부분 다 들어 있기 때문이다. 재미있는 것은 완전 식품이 아니라 완전 식품에 가깝다고 표현하는 것이다. 사람은 어느 한 가지만을 가지고 완전한 식사가 이뤄지지 않는다. 완전 식품에 가까운 것은 있어도 완전한 식품은 존재하지 않는다는 말이다.

그렇다면 완전한 사람은 있을 수 있을까? 성경은 실존하는 완전한 사람의 존재를 소개해 주고 있다. 하나님과 사람 앞에서 부끄러울 것이 없는 사람이 노아였다. 그는 본래 죄인으로 태어났으나 여호와께 은혜를 입었고 하나님과 동행함으로 완전한 자의 삶을 살았으며, 여호와 앞에서 의로움을 보여 준 사람이었다.

당시 사회에는 모든 종류의 죄가 사람들 가운데 있었다. "온 땅이 하나님 앞에 부패하여"(창 6:11), 사람들에 대한 강포와 불의가 땅에 충만하였다. 사악함이 인간 본성의 수치가 되듯이 그것은 또한 인간 사회를 파멸시키는 원인이 되기도 한다. 양심과 하나님께 대한 두려움이 사라지면 사람들은 짐승이 되고 서로에게 마귀가 되고 마는 것이다. 당시 죄는 땅을 폭력으로 가득 채워서 광야와 싸움터로 만들었다. 하나님은 이런 세상을 보시면서 땅 위에 사람 지으셨음을 한탄하시며 근심하셨을 뿐만 아니라 세상을 멸망시키겠다고 말씀하셨다.

온 세상이 영적 전염병으로 인해 파멸 지경에 다다른 것이었다. 그런데 유일하게 노아 한 사람은 자신과 가족이 하나님의 은혜를 입은 자로 여기며 살아가고 있었다. 타락한 로마 사회 성도를 향해 권면했던 사도 바울의 말씀을 보면 노아가 어떤 삶을 살았는지 알 수 있다.

"너희는 이 세대를 본받지 말고 오직 마음을 새롭게 함으로 변화를 받아 하나님의 선하시고 기뻐하시고 온전하신 뜻이 무엇인지 분별하도록 하라"(롬 12:2).

이 세대를 본받지 않는 삶을 산 사람이 바로 노아였다. 공동체가 있어서 노아의 믿음을 격려하고 돕지 않았다. 오직 홀로 믿음을 지켰다. 물고기가 흐르는 폭포를 거슬러 올라가는 것과는 비교도 안 될 정도로 어렵고 힘든 삶이었지만 그는 당시 세대의 흐름을 본받지 않고 여호와 하나님을 본받아 살았다.

노아는 홀로 하나님을 신실하게 섬겼을 뿐만 아니라 하나님이 말씀하신 대로 방주를 건축했다. 방주는 길이 135m, 폭 22.5m, 높이

13.5m, 3층 구조의 엄청난 크기였다. 노아는 방주를 건축하고 모든 생물을 한 쌍씩 종류대로 모아 태우고 홍수를 경험하는 등 모든 준비 과정을 충실히 감당했다. 성경은 노아의 행적을 구체적으로 묘사하면서 창세기 6:22과 7:5에서 두 번 "하나님이 자기에게 명하신 대로 다 준행하였다"고 기록하고 있다. 방주를 건축하는 일도, 방주를 건축하고 난 이후의 일도 여호와 하나님께서 명령하신 대로 행했던 것이다.

우리는 노아처럼 살 수 있을까? 현대 남성들은 신앙인이건 불신자이건 하나님이 나를 어떻게 생각하는가보다 남이 나를 어떻게 생각하는지를 더 많이 신경 쓴다. 실제로 누가 나를 어떻게 생각하는가는 중요하지 않다. 그런데 자신의 자존심 때문에 분노와 좌절 속에 폭력과 살인으로 나아간다. 자신을 더 위대하게 보이기 위해 불필요하게 과장하고 남을 속여 모든 이들에게 손해를 입히는 삶을 살기도 한다.

노아처럼 살고 싶다면 노아처럼 생각해 보는 연습이 필요하다. 성경을 붙들고 하나님께서 원하시는 삶이 어떤 것인지 찾아보는 것이다. 성경이 원하는 삶은 딱 한 가지다. 하나님의 말씀대로 사는 것이다. 그런데 우리는 내 욕망과 소원대로 사는 일을 포기하지 못한다. 예수님은 "누구든지 나를 따라오려거든 자기를 부인하고 자기 십자가를 지고 나를 따를 것이니라"(마 16:24)고 말씀하셨다.

최근에 영적 도전을 준 책이 하나 있다. 레이 프리차드 목사님이 지은 『믿음의 여정』이라는 책이다. 이 책에서 믿음의 삶에 대해 이렇게 말한다. "그 결과가 어떤 것이든지 나는 하나님이 원하시는 사람이 될 것이다. 나는 미래를 알지 못한다. 그러나 나는 그분이 세세한 것들까지 이루어 주실 것을 믿고 있다. 나는 그저 믿음으로 나아가고 그분이 인도하시는 곳으로 따라갈 뿐이다."

본질이 사라졌기 때문에 비본질적인 것들을 채우기 위해 우리는 미친 듯이 살아간다. 그래서 훗날 우리 인생을 되돌아보면서 '내가 잘못 살았구나', '내가 바보처럼 살았구나'라고 후회하게 된다. 자기 뜻대로 사는 인생은 하나님의 뜻을 벗어난 삶이기에 후회만이 남을 수밖에 없다. 하지만 하나님의 은혜를 입고 사는 인생은 그분의 인도하심을 따라 살기에 감사가 넘쳐난다. 이 시대 남자들이 노아처럼 살기 원한다면 하나님의 은혜를 입어야 한다. 노아의 완전함은 하나님과 동행하면서 날마다 그분의 은혜를 충전하고 덧입고, 하나님이 명령하신 대로 순종한 것에서 비롯되었다.

남자들이여, 그대는 매일 그대의 삶에 무엇을 채우기 위해 노력하는가? 성공을 위해 자기계발에 몰두하는가? 그러나 그보다 더 중요한 것이 하나님의 은혜를 충전하는 것이다. 하나님의 은혜를 얼마나 충전하고 살아가는가에 따라 우리가 누릴 은혜와 삶의 길이가 달라진다. 남자들은 "바쁘다"라는 말을 자주 한다. 그런데 아무리 바빠도 미룰 수 없는 것이 바로 은혜를 입는 일이다. 바쁘기 때문에 하나님의 은혜가 더 필요하다.

 **남자들만의 싱크 토크**

1. 나는 노아처럼 믿는 대로 살고 있는가? 내 인생을 흔들리지 않게 붙들어 주는 은혜의 성경말씀이 있는가? 찾아서 옮겨 적어 보자.

2. 내가 이 세대를 본받아 그릇되게 행동했던 일들은 무엇인가? 이 세대를 본받지 않고 하나님이 원하시는 사람이 될 수 있도록 내가 보완해야 할 영적 습관은 무엇일까?

Prayer 남자의 기도

하나님 아버지, 완전한 사람의 삶을 살았던 노아를 보면서 저 역시 하나님의 은혜 가운데 주님과 동행하며 살기를 원합니다. 노아가 꿋꿋이 방주를 만들었듯이, 패역한 이 세상에서 저 또한 믿음의 방주를 짓고 소망을 품으며 살아갈 수 있도록 인도해 주옵소서. 예수 그리스도의 이름으로 기도드립니다. 아멘.

18. 세상을 살아가는 기준

보이고자 하는 사람, 보고 사는 사람

"…모든 행위를 사람에게 보이고자 하나니 곧 그 경문 띠를 넓게 하며 옷술을 길게 하고 잔치의 윗자리와 회당의 높은 자리와 시장에서 문안 받는 것과 사람에게 랍비라 칭함을 받는 것을 좋아하느니라…누구든지 자기를 높이는 자는 낮아지고 누구든지 자기를 낮추는 자는 높아지리라"(마 23:1-12).

50대 중반의 아내가 남편과 함께 남편 친구 모임에 다녀왔다. 그런데 남편 친구들이 나누는 이야기들의 대부분이 자기자랑이었다고 한다. 남자들은 자신의 내면이 아니라 자신이 무엇을 할 수 있고, 무엇을 가지고 있는지에 대해 내세우기를 좋아한다. 전쟁터에서 자신의 무기를 과시하는 골리앗과 같다. 다윗의 물맷돌을 맞을 수 있는 약점이 있음에도 불구하고 모든 것을 갖추고 살고 싶은 열망들이 있다. 서기관과 바리새인들의 삶이 그러했다. "모든 행위를 사람에게 보이고자 하나니 곧 그 경문 띠를 넓게 하며 옷술을 길게 하고 잔치의 윗자리와 회당의 높은 자리와 시장에서 문안 받는 것과 사람에게 랍비라 칭함을 받는 것을 좋아하느니라"(마 23:5). 이런 주님의 지적은 오늘날 멍든 삶을 살아가는 남자들에 대한 경고처럼 들린다.

　남자들은 여자들처럼 보석으로 자신을 치장하지 않는다. 그러나 보석으로 치장한 아내를 보이고자 하는 우월감은 있다. 남자들은 커다란 집을 소유하고 있음을 보여 주고 싶어 하지만 그 집에서 행복하게 사는 삶을 보여 주는 일에는 무기력하다. 남자들의 보이고자 하는 마음은 회칠한 무덤과 같은 삶을 만들기도 한다.

　이처럼 남자들의 인생에서 경계해야 할 것이 바로 보이고자 하는 마음이다. 교회 안에서도 훈련과 직분에 대해 생각할 때 내가 어떻게 변화되었는가보다 내가 어떤 과정을 거쳤느냐를 더 중요하게 생각한다면 우리는 서기관이나 바리새인과 다를 바가 없다.

　보이고 사는 사람이 행복해 보일 수도 있지만 진정으로 행복한 사람은 하나님을 바라보고 사는 사람이다. 자기를 높이지 않고 낮추어도 자존심이 상하지 않는 사람들이다. 세상을 볼 수 없었던 바디매오는 마음으로 주님을 바라보다 눈을 떠서 주님을 보게 되었고, 사람을 피해 다니던 사마리아 여인도 주님을 만나는 순간 새로운 인생을 맞게 되었다. 보이고 싶은 사람은 보여 줄 것을 찾아 헤매는 인생이 된다. 그러나 보고 사는 사람은 하나님께서 내게 허락해 주신 일상의 축복들을 감사하며 만족하게 된다. 같은 것을 가지고도 보이고 싶은 인생은 무엇인가 새로운 것이 필요하지만, 보고 사는 인생은 하나님을 바라봄으로 감사와 찬송을 하게 되는 것이다.

　남자들이여, 보이고 싶은가? 그대들이 세상을 향하여 보이고 싶은 것이 있다면 그것이 무엇이어야 하겠는가? 명품과 화려한 명함이 아니라 하나님을 바라보고 사는 참 믿음의 삶이 진정 우리가 세상에 보여야 할 것들이다. 우리가 보이고 싶은 것을 우리가 보고 살아야 한다. 우리가 보고 있는 성경이 내 삶에 순종으로 나타남을 보여 주고, 나의 성실이 일상의 즐거움으로 이어지는 것들을 보여 주고, 나의 감사가 새로운 도전으로 이어지는 것들을 보여 주자. 보이려 하지 말고 하나님을 바라보고 사는 인생을 살아가자. 보고 사는 인생은 현실이 어렵다고 주저앉지 않을 것이다. 남자들이여, 보이기 위해 살겠는가? 하나님을 바라보고 살겠는가?

 **남자들만의 싱크 토크**

1. 나는 무엇을 내세우기 좋아하는가? 내 안에 과시하고 싶은 욕망이 커지는 순간은 어떤 순간인가?

2. 나는 진정 하나님을 바라보며 사는 사람인가? 그분만을 보고 사는 인생이 될 때 어떤 변화가 일어나겠는가?

Prayer 남자의 기도

> 하나님 아버지, 보이고자 하는 사람의 삶은 결국 회칠한 무덤이 될 것임을 기억하게 하옵소서. 서기관이나 바리새인처럼 보이는 데 신경 쓰고 칭송받기를 좋아하는 사람이 되지 않도록 인도해 주옵소서. 하나님을 보고 살 때 더 큰 힘과 소망을 얻을 수 있음을 믿습니다. 예수 그리스도의 이름으로 기도드립니다. 아멘.

18. 세상을 살아가는 기준

보배로운 약속

"…이로써 그 보배롭고 지극히 큰 약속을 우리에게 주사 이 약속으로 말미암아 너희가 정욕 때문에 세상에서 썩어질 것을 피하여 신성한 성품에 참여하는 자가 되게 하셨느니라…"(벧후 1:1-11).

마라톤 선수인 에디오피아의 게브르셀라시에가 34회 베를린 마라톤 대회에서 2시간 4분 55초로 세계 기록을 수립했다. 그의 기록대로 42.195km를 달리려면 100m를 18-19초로 주파하는 속도로 계속 달려야 한다는 계산이 나온다. 이런 속도를 유지하면서 2시간이 넘는 시간을 오직 결승점을 향해 달려간다. 마라토너에게는 결승점에 도달하기 전까지 어떤 쉼도 없다. 중간에 탈진을 예방하기 위해 준비된 물조차도 달리면서 마셔야 한다. 경주를 포기하기 전에는 모든 것들을 달리며 해야 한다. 인생도 마찬가지다. 목표가 분명한 인생은 어떤 상황 속에서도 흔들리지 않고 자신이 세운 목표를 향해 쉬지 않고 달려간다.

베드로는 보배로운 믿음을(벧후 1:1) 가진 성도들이 받은 보배롭고 지극히 큰 약속(벧후 1:4)을 통해 신의 성품에 참여하는 자가 되려면 어떤 삶을 살아야 하는지 말하고 있다. 보배로운 약속을 가진 성도들이 피해야 할 것은 정욕 때문에 썩어질 것들이고, 힘써야 할 것들은 신의 성품에 참여하는 것이다. 그러나 남자들의 삶을 살펴보면 피해야 할 것들은 더 자주 하고, 힘써야 할 것들은 오히려 피해 다니는 경우가 많다.

신의 성품에 참여한다는 것은 우리가 하나님이 되는 것을 의미하는 것이 아니다. 하나님과의 긴밀한 교제 가운데 하나님의 속성을 가지고 세상을 사는 것이다. 보배로운 약속을 가진 남자로서 신의 성품에 참여하기 위해 힘써야 할 것은 "믿음에 덕을, 덕에 지식을, 지식에 절제를, 절제에 인내를, 인내에 경건을, 경건에 형제 우애를, 형제 우애에 사랑을"(벧후 1:5-7) 더하는 것이다. 또한 신의 성품에 참여하는 것은 우리의 믿음이 생활 속에서 사랑으로 나타나는 것이다. 믿음을 가진 남성들은 그리스도인다운 삶을 살아야 한다. 보배로운 약속을 가진 자가 약속 없는 자들과 같은 생활을 해서는 안 된다.

마라토너에게 가장 큰 적은 경쟁선수가 아니라 자기 내면이다. 자신의 내면이 두려움으로 가득 차면 마라토너는 마지막까지 달리지 못하고 지쳐 쓰러진다. 보배로운 약속을 가진 남자들도 자신의 내면을 하나님의 성품으로 지키지 못한다면 썩어질 것을 붙들고 사는 인생으로 전락할 수 있다. 계속해서 신의 성품에 참여하기 위해서 남자들이 힘써야 할 것은 "너희 부르심과 택하심을 굳게"(벧후 1:10) 하는 일이다. 영원한 하나님 나라에 들어갈 보배로운 약속을 이루시기 위해 하나님이 나를 부르시고 택하셔서 맡기셨다. 이 얼마나 놀라운 인생의 축복인가!

남자들이여, 힘들고 어려울 때 포기하고 싶은 나를 견디게 만드는 힘은 무엇인가? 하나님을 사랑하는 남자들은 믿음이 견디게 하고 인생을 즐겁게 만들어 준다. 그래서 믿음은 삶이다. 믿음은 사람과 사람 속에서, 고통이 수반된 인생여정에서 확인되고 증명되어야 한다. 나의 주변 사람들이 나를 예수 믿는 좋은 남자라고 평가해 주고 있는가? 그렇다면 그대는 신의 성품을 갖고 있고 보배로운 약속을 붙들고 사는 경건한 남자임에 틀림없다.

 **남자들만의 싱크 토크**

1. 긴 마라톤과 같은 인생에서 나는 어떤 목표를 향해 달리고 있는가? 나 자신과의 싸움에서 극복하고 이겨 본 경험이 있는가?

2. 하나님께서 내게 영원한 나라에 들어갈 수 있는 보배로운 약속을 주신 것을 확신하는가? 신의 성품에 참여하려는 나의 마음을 방해하는 것들은 무엇인가?

Prayer 남자의 기도

하나님 아버지, 마라톤 인생을 살다 보면 때론 지치고 주저앉고 싶을 때가 많습니다. 그럴 때마다 하나님이 주신 보배로운 약속을 품고 달리며, 나의 믿음을 세상 사람들에게 드러낼 수 있도록 도와주옵소서. 예수 그리스도의 이름으로 기도드립니다. 아멘.

하나님 아버지,
제 삶에 녹아 있는 익숙하고 반복적인 습관들에서 벗어나
새로운 삶으로 리모델링할 수 있기를 원합니다.
현재의 삶을 기반으로 꿈을 꾸고,
하나님이 열어 주시는 더 많은 가능성을 바라보기를 소망합니다.
그리고 하나님의 말씀 따라 순리대로 사는 단순한 인생이 되게 하옵소서.
예수 그리스도의 이름으로 기도드립니다. 아멘.

19. 퇴직 후 시작되는 인생 후반전

일상 속의 다운시프트

"오직 각 사람이 시험을 받는 것은 자기 욕심에 끌려 미혹됨이니 욕심이 잉태한즉 죄를 낳고 죄가 장성한즉 사망을 낳느니라 내 사랑하는 형제들아 속지 말라 온갖 좋은 은사와 온전한 선물이 다 위로부터 빛들의 아버지께로부터 내려오나니 그는 변함도 없으시고 회전하는 그림자도 없으시니라"(약 1:14-17).

남자들의 미래에 대한 강의를 하면서 꼭 던지는 질문이 있다. 바로 "앞으로 어떤 인생을 꿈꾸십니까?"라는 것이다. 그러면 상당수의 남자들은 "시골에서 전원생활을 하고 싶습니다"라고 대답한다. 이 말은 도시에서 경쟁으로 지친 남자들의 심정을 그대로 나타내고 있다. 노후만큼은 각박한 도심을 벗어나 자연으로 회귀해 안식하고 싶은 본능이라고나 할까. 옛날에 한 가정의 아침은 일터로 나가는 아버지의 새벽 기상과 가족들의 아침을 위해 분주히 움직이는 어머니의 달그락거리는 소리로 시작되었다. 면사무소에서 울려 퍼지는 사이렌 소리가 정오를 알려 주었고, 어떤 마을은 예배당 종소리가 시계 역할을 했다.

시계가 흔하지 않던 시절에 태어나 성장한 베이비부머들에게 시(時)

테크를 강조하는 경쟁사회는 생존을 위해 어쩔 수 없이 적응해야 하는 사회였다. 시간에 대한 개념은 19세기 철도가 등장하면서 기차운행을 위해 발달되었고, 일하는 날수를 시간 단위로 계산하기 시작한 것은 산업혁명 이후였다. 많은 남자들이 아침 일찍 출근해 저녁 때 파김치가 되어 집으로 돌아온다. 종일 열심히 일했는데도 지나고 보면 자랑할 만한 일이 별로 없다. 벌어도 벌어도 돈은 부족하고, 쉬고 싶어도 쉴 여유가 없다(사 5:8). 아무리 생각해도 바람직한 인생을 살고 있다는 생각이 들지 않는다. 그래서 남자들은 목적지향적인 삶보다 자기만족과 여유를 지향하는 삶, 물질중심적인 삶보다는 땅이 주는 소박함을 즐거워하며 사는 삶을 바라게 되는 것이다. 이것이 바로 다운시프트의 삶을 향한 갈망이다.

가끔 텔레비전에서 방영되는 다운시프트에 대한 내용을 보면서 '나도 해볼까?'라는 생각을 한다. 자동차의 속도를 늦추듯이 낮은 기아에 놓고 인생을 즐기며 사는 삶을 꿈꾸어 본다. 비록 소득은 지금보다 못하더라도 마음의 여유와 행복을 찾는다면 기꺼이 감수해 보리라 생각하기도 한다. 하지만 이내 곧 현실의 삶을 돌아보면서 그것은 나와 거리가 먼 이야기라고 지레 포기하고 만다. 이미 가속이 붙은 자동차의 속도를 늦출 용기가 없는 것이다.

영국의 교육전문가인 니콜라스 코더는 이렇게 말했다.

"다운시프팅이란 내가 하고 있는 일이 내 삶의 전부라는 생각을 떨쳐 버리고 내 삶을 단순명료하게 만드는 것, 또는 삶을 스스로 컨트롤하고 다른 사람이 아닌 자신의 용어와 정의에 의해 살아가는 방법이다."

하지만 당장 급한 자녀들 학비와 생활비, 대출금 상환 등에 대한 생각을 떨쳐 버리기가 쉽지 않다. 따라서 다운시프트는 상상 속의 세계요, 이상향이 되고 만다. 그렇다고 현실에서 불가능하다며 모든 것을 포기할 필요가 있을까?

남자들이여, 내 삶에서 아주 작은 것부터 다운시프트 할 수 있는 것들을 찾아보자. 모든 것을 포기한 채 숲으로 농촌으로 들어갈 수는 없더라도, 도심 생활에서도 나에게 가능한 다운시프트는 시도해 볼 수 있다. 먼저 내 생활 속에서 안 해도 되는 일이 무엇인지 살펴보자(약 1:14). 분명 하지 않아도 되는 일들을 하면서 인생을 스스로 피곤하게 만드는 것이 있을 것이다. 과도한 대출로 집 장만할 계획을 세우고 있는가? 무리한 계획들이라면 포기하자. 안 가져도 되는 것들은 다시 가지려 하지 말자. 좀 더 좋은 것을 가지려고 노력하지 말고 꼭 필요한 것들만 갖고 생활하자. 없어도 된다면 다시 구하지 말자. 텔레비전이 고장 났다면 나를 위한 시간은 그만큼 더 늘어날 것이다.

이렇듯 다운시프트는 성공병에 걸려 야망의 노예가 된 우리에게 "온갖 좋은 은사와 온전한 선물이 다 위로부터 빛들의 아버지께로부터 내려오는 것"(약 1:17)이 된다. 이것을 빨리 깨닫고 다운시프트의 삶을 선택한다면 하나님의 선물을 한아름 받게 될 것이다.

 **남자들만의 싱크 토크**

1. 내 인생을 목적지향적이고 물질중심적으로 만드는 욕심들은 과연 무엇일까? 나는 왜 그런 욕심들을 놓지 못하고 사는 것일까?

2. 다운시프트의 삶을 갈망하는가? 그렇다면 지금 내 생활 속에서 실천할 수 있는 아주 작은 것들 5가지만 찾아보자.

Prayer 남자의 기도

하나님 아버지, 과도한 경쟁 사회에서 살면서 지친 제 모습을 보며 다운시프트의 삶을 갈망하지만, 쉽게 가속이 붙은 차에서 내려오지 못하고 있습니다. 제 안의 욕심들을 버리고 주님께서 내려주시는 온전한 선물을 받게 하옵소서. 예수 그리스도의 이름으로 기도드립니다. 아멘.

19. 퇴직 후 시작되는 인생 후반전

인생 재발견

"나는 시온의 의가 빛같이, 예루살렘의 구원이 횃불같이 나타나도록 시온을 위하여 잠잠하지 아니하며 예루살렘을 위하여 쉬지 아니할 것인즉 이방 나라들이 네 공의를, 뭇 왕이 다 네 영광을 볼 것이요 너는 여호와의 입으로 정하실 새 이름으로 일컬음이 될 것이며 너는 또 여호와의 손의 아름다운 관, 네 하나님의 손의 왕관이 될 것이라 다시는 너를 버림 받은 자라 부르지 아니하며 다시는 네 땅을 황무지라 부르지 아니하고 오직 너를 헵시바라 하며 네 땅을 쁄라라 하리니 이는 여호와께서 너를 기뻐하실 것이며 네 땅이 결혼한 것처럼 될 것임이라"(사 62:1-4).

남자들의 인생은 끊임없는 신대륙 발견이다. 대부분의 남자들은 정체된 삶을 살기보다 무언가 새로운 도전을 희망한다. 이미 안정적인 삶을 이룬 사람도 마찬가지다. 자신을 새롭게 할 수 있는 것들에 대한 갈망은 어느 남자나 같다. 새로운 삶의 자극이나 새로운 직위, 그리고 새롭게 출시되는 신차모델에도 관심이 많다. 전자제품이나 디지털기기의 얼리어답터(early adopter)들도 남자가 더 많은 것을 보게 된다. 이처럼 더 나은 것들을 이루려는 희망은 남자들의 본능과도 같다.

그렇다면 남자들에게 있어서 정말 새로운 삶이란 무엇일까? 그것은 전혀 다른 삶의 차원이 아닌 현재 나의 삶을 새롭게 인식하고 내가 하고 있는 일을 바라보는 데서 시작한다(사 62:1-2). 이제까지 가져보지 못한 것들을 소유하거나 만나보지 못했던 사람과 새로운 관계를 형성하는 것이 아니라, 이전부터 함께했던 모든 것들을 통해 새로운 미래를 채워가는 것이다. 지나온 시간이 없다면 지금의 현재도 없고 우리가 바라는 미래도 없기 때문이다. 하나님께서 우리를 새 이름으로 칭하시며 우리를 새롭게 보시듯이, 우리도 우리에게 있는 무한가능성을 인정하며 나와 타인을 새롭게 재발견해야 한다.

최근에 중년부부들과 함께 하는 부부워크숍을 진행하였다. 그 자리에 함께 참석했던 한 부부가 다른 부부들의 힘들고 어려운 관계들을 보면서 자신이 얼마나 행복한 사람인지를 알게 되었다고 고백하는 것을 들었다. 다른 사람들을 통해 자신의 가정 안에 있는 행복의 크기를 재발견한 것이다. 부부간의 사랑이 사라진 것이 아니라 사랑을 미처 느끼지 못할 정도로 무뎌지고 익숙해졌을 뿐이었다. 따라서 우리 집에는 없다고 생각하는 행복을 찾아 집 밖으로 나갈 것이 아니라 가정 안에서 다시 발견하는 것이 필요하다. 행복하게 잘 살겠다는 미래에 대한 다짐보다 지나온 시간 속에서 찾아낸 행복이 지금을 행복하게 만들었고 앞으로도 행복하게 만들어 줄 것이라는 확신을 가져야 한다.

금광석을 캐내었다고 금반지가 나오는 것이 아니다. 조개에서 진주를 찾았다고 진주목걸이가 만들어지는 것이 아니다. 금광석이 금반지가 되기까지는 주물과정과 세공작업이 필요하고, 진주목걸이를 이루는 진주가 만들어지기까지는 대략 30개월의 시간이 걸린다. 이처럼 본래 모습에서 재탄생한 모습을 기대하려면 인내는 기본이다(욥 23:10). 처음 발견한 그 모습이나 지금 내가 바라보고 알고 있는 것을 전부로 여긴다면 실로 불행한 인생이다. 인생에 대한 감사가 없어진다면 나는 가진 것도 없고 이룰 것도 없다는 실패감이 마음을 정복하는 순간이 될 것이다.

이제 지나온 나의 인생에 대해서도 재발견이 필요하다. 누구와 비교하여 성공한 인생이라고 평가할 수 없지만 나 스스로 성실하게 살아왔고 최선을 다했다면 이미 성공한 인생이나 다름없다. 내가 살아오는 동안 이루어 놓은 일들이 의미 있다면 적어도 나는 의미 있는 인생을 살아온 것이다. 인생의 재발견은 그동안 여러 가능성으로부터 자신을 폐쇄시킨 무기력으로부터 스스로를 치유하는 효과를 가져다준다.

내가 가진 것이 무엇인지 알지 못한 채 스스로 가난뱅이의 인생을 살아가는 남자들이 많다. 제자들도 자신들이 예수님의 제자가 될 것이라는 사실을 그분을 만나고 난 뒤에야 발견했다(막 1:16-20 ; 눅 5:1-11). 내 안에서 나의 인생을 재발견한다면(사 62:4) 젊은 날 푸르른 꿈을 가진 사람으로 변할 수 있을 것이다. 지나온 나의 삶 속에 차지하고 있는 수많은 경험들, 가치들, 사람들은 지금 내 인생을 새롭게 만들 인생자산이다.

남자들이여, 그대들의 지나온 인생을 바라보면 무슨 생각이 드는가? 후회가 가득한가? 그래도 잘 살아왔다는 안도감이 드는가? 지금 그대의 모습은 그동안 수많았던 선택들이 만들어낸 결과다. 최선을 다한 선택이었든, 2% 부족하게 느껴지는 선택이든 열심을 다했던 자신에게 박수를 보내라. 그런 후에는 인생 하프타임을 보내고 새롭게 시작할 후반전을 위해 스스로를 축복해 주어라. 하나님께서 당신의 인생길을 먼저 닦아 놓으셨다. 하나님께 길을 묻고 그 길을 향해 가기만 하면 새로운 미래가 그대를 기다리고 있다. 지나온 인생에 대해 감사의 마음을 건네고 스스로를 격려하며 미래를 향해 힘껏 달려가자.

 **남자들만의 싱크 토크**

1. 나는 어떤 태도로 과거를 바라보는가? 과거를 외면한 채 전혀 다른 새로운 삶을 살고자 하는가?

2. 하나님께서 나에게 심어 주신 무한가능성들은 무엇일까? 지난날들을 되돌아보며 내 인생의 자산이 될 만한 값진 것들을 재발견하는 시간을 가져 보자.

Prayer 남자의 기도

> 하나님 아버지, 저를 새 이름으로 일컬으시고 하나님 손의 왕관으로 세워 주심을 감사드립니다. 저를 황무지라 하지 않으시고 저로 인해 기뻐하실 주님을 생각하며 제 인생을 재발견하게 하옵소서. 제가 걸어온 과거 속에서 감사와 행복을 찾고 값진 인생임을 깨닫게 하옵소서. 예수 그리스도의 이름으로 기도드립니다. 아멘.

19. 퇴직 후 시작되는 인생 후반전

내 삶을 리모델링하라

"온 회중이 소리를 높여 부르짖으며 백성이 밤새도록 통곡하였더라 이스라엘 자손이 다 모세와 아론을 원망하며 온 회중이 그들에게 이르되 우리가 애굽 땅에서 죽었거나 이 광야에서 죽었으면 좋았을 것을 어찌하여 여호와가 우리를 그 땅으로 인도하여 칼에 쓰러지게 하려 하는가 우리 처자가 사로잡히리니 애굽으로 돌아가는 것이 낫지 아니하랴 이에 서로 말하되 우리가 한 지휘관을 세우고 애굽으로 돌아가자 하매 모세와 아론이 이스라엘 자손의 온 회중 앞에서 엎드린지라"(민 14:1-5).

뜨겁게 사랑해서 결혼했던 부부가 중년이 되면 서로 감사하며 지내거나 아니면 등 돌리고 무관심하게 지낸다. 후자의 경우 그 이면에 많은 갈등이 서로의 마음에 생채기를 냈기 때문인데, 이것은 관심 자체가 갈등의 출발일 때가 많다. 사실 관심을 갖지 않으면 상처받을 일도 생기지 않는다(창 25:28). 그래서 갈등하는 부부들을 상담하다 보면 갈등의 패러다임을 발견하게 된다.

부부는 거의 같은 방식으로 싸움을 시작하고, 같은 이유로 싸움을 키우다가 애매모호하게 갈등을 마무리한다. 한 번도 제대로 문제를 해결해 보지 않은 것이다. 마치 상처 부위에 난 딱지를 떼어내어 다시 상처를 내고, 딱지가 생길 만하면 또 떼어내는 것과 같다. 이런 갈등의 반복은 행복을 집 밖으로 내몰 뿐이다.

우리에게는 익숙한 반복들이 있다. 그런 반복들은 나를 유익하게 만들기도 하고, 실패하게 만들기도 한다. 내가 반복해서 먹는 음식들 속에는 나의 건강이 담겨 있고, 반복된 마음 씀씀이에는 나의 인격과 감정이 녹아 있다. 그러나 어린아이가 청소년이 되면 독립을 준비하듯이 중년기는 반복된 일상을 벗어나기 위해서 인생 리모델링이 필요하다. 반복적인 삶의 패턴에서 벗어나 새로운 삶의 습관을 준비해야 하는 것이다.

이를 위해서는 '꿈 찾기'가 중요하다. 집을 지을 때 땅이 있어야 집을 짓듯이, 은퇴 이후 나의 꿈이 자리 잡을 수 있는 터전을 마련해야 한다. 건설 회사를 운영하다 지금은 강원도에서 생활하고 있는 Y씨는 7년을 생활하고 나서야 산골생활이 익숙해졌다고 말한다. 갑작스런 인생 전환은 많은 출혈을 가져온다. 귀농을 꿈꾼다면 주말농장을 통해 농사의 경험과 임상의 시간을 가질 필요가 있다. 내가 어떤 삶을 살고 싶은가는 내가 무엇을 준비해야 하는지를 알게 해준다.

중년의 꿈은 십대의 꿈과는 다르다. 꿈을 가진다고 할 때 무턱대고 꿈만 꾸는 것이 아니라 지금 나의 현실을 기초로 꿈을 꾸어 더 많은 가능성을 열어 놓아야 한다. 가능한 것부터 하나씩 시작하다 보면 어느새 꿈에 근접한 자신의 모습을 발견할 수 있을 것이다.

인생 리모델링을 위한 절대법칙 중 하나는 '순리대로 사는 것'이다. 안 되는 것을 이루려 했던 옛날 방식을 반복할 것이 아니라(민 14:3) 하늘의 뜻에 나를 맡기고 순리대로 사는 용기를 가져 보자(단 10:19). 불안이 나를 이끌고 가지 못하도록 순리대로 살다 보면 인생이 단순해진다.

남자들이여, 가끔 무언가 뒤엉키고 힘들다고 생각될 때가 있을 것이다(민 14:2-4). 그래서 이스라엘 백성처럼 자꾸 익숙하고 편했던 시절을 떠올리며 그때로 돌아가기를 원하면서 원망과 후회로 괴로워한다. 하지만 하나님께서는 그러한 과정들을 통해서 우리를 새롭게 일으켜 세우시고, 인생을 재정비할 수 있도록 이끄신다. 익숙하고 반복적인 일상에서 벗어나 새롭게 깨어나게 하시는 것이다.

퀴블로스는 우리 인생 가운데서 만나는 것들에 대해 이렇게 말했다. "상실은 무엇이 소중한지 보여 주며, 사랑은 우리의 진정한 모습을 가르쳐 준다. 관계는 자신을 일깨워 주고 성장의 기회를 가져다준다. 두려움, 분노, 죄책감조차도 훌륭한 교사다. 삶의 가장 어두운 시간에도 우리는 성장하고 있다." 우리의 인생 리모델링을 위해 가슴에 새겨둘 말이다.

 **남자들만의 싱크 토크**

1. 힘겨운 고난을 만날 때마다 이스라엘 백성처럼 익숙하고 편한 삶을 그리워하며 하나님을 원망한 적은 없는가? 익숙하고 반복적인 삶이 과연 나에게 유익한 것이었는지 되돌아보고, 현재의 삶으로 인도하신 하나님의 뜻을 헤아려 보자.

2. 인생 리모델링을 위해 나는 어떤 꿈을 꾸고 있는가? 또 나는 하나님의 말씀을 따라 순리대로 살고 있는가? 내 현실에 비추어 구체적인 리모델링 계획을 세워 보자.

Prayer 남자의 기도

하나님 아버지, 제 삶에 녹아 있는 익숙하고 반복적인 습관들에서 벗어나 새로운 삶으로 리모델링할 수 있기를 원합니다. 현재의 삶을 기반으로 꿈을 꾸고, 하나님이 열어 주시는 더 많은 가능성을 바라보기를 소망합니다. 그리고 하나님의 말씀을 따라 순리대로 사는 단순한 인생이 되게 하옵소서. 예수 그리스도의 이름으로 기도드립니다. 아멘.

하나님 아버지,
죽음 또한 제 뜻이 아닌 하나님의 뜻대로 이루어지는 것임을 깨닫게 됩니다.
죽음을 걱정하고 두려워하는 인생이 되지 않게 하옵소서.
이 세상을 떠나는 날 모세처럼
하나님과 홀로 만나 교제하는 기쁨을 누릴 수 있게 하옵소서.
예수 그리스도의 이름으로 기도드립니다. 아멘.

20. 노후를 준비하는 지혜

휘파람을 부는 습관

"또한 어떤 사람에게든지 하나님이 재물과 부요를 그에게 주사 능히 누리게 하시며 제 몫을 받아 수고함으로 즐거워하게 하신 것은 하나님의 선물이라"(전 5:19).

어린 시절 어른들의 휘파람 소리를 들으면 흉내 내고 싶어 입을 오물오물거리며 소리를 내보려고 애쓴 적이 있다. 누군가 즐거워하며 내는 소리가 좋아 보이고 멋있어 보였다. 그리고 나도 그 소리를 내면 즐거워질 것 같은 느낌이 들었다. 그때는 휘파람을 배우기 위해 그렇게도 열심을 냈건만 정작 지금은 휘파람을 잘 불지 않는다. 마음에 즐거움을 느끼는 순간들이 없기 때문일까? 아니다. 즐거운 순간에 기뻐하고 나를 격려하는 습관이 사라졌기 때문이다.

50대 초반의 한 남자가 자신의 인생을 되돌아보면서 변함없이 걸어온 일직선의 삶을 발견한다. 특별히 고생한 것도 없고, 특별히 울 만한 일도 없었다. 경제적으로나 사회적으로 아무것도 부족해 보일 것 같지 않은 삶이다. 앞으로도 그렇게 편안하게 뻗은 일직선의 삶을 걷기만 하면 된다. 그런데 결국 일직선의 삶은 그의 한계이기도 했다. 어떤 사람에게는 그의 편안하게 뻗은 삶이 부럽겠지만, 정작 본인은 안정이라는 한계에 자신의 삶을 올려 두고 살았던 것이다(마 10:31).

남자들은 주어진 일을 하며 사는 것이 익숙하다. 새로운 도전을 좋아하는 사람들은 극소수다. 그러나 우리는 새롭게 자신의 삶을 계획해 볼 필요가 있다. 안정된 생활을 유지시켜 주는 직장은 일직선에 두더라도, 나머지 여가 시간에는 한계를 뛰어넘는 새로운 도전을 해보는 것이 중요하다. 내 인생에 휘파람을 불 수 있도록 만드는 일이 무엇인지 찾아보는 것이다.

재물과 부요를 주사 누리게 하신 하나님의 선물들은 인생 충전지와 같다. 성경은 지나친 절제도 무분별한 소비도 올바른 삶의 방식이라고 말씀하지 않는다. 성경은 하나님을 사랑하고 이웃을 네 몸같이 사랑하며(마 22:37-40) 즐겁게 살라고 말씀하신다. 하나님의 선물을 누리는 것은 내가 받은 하나님의 은혜를 나의 일상에서 즐겁게 경험하는 것이다.

자신도 모르게 배시시 미소가 지어지고 마음이 뿌듯해지면서 행복감을 맛보는 순간들은 언제인가? 나는 아침에 출근해서 커피 한 잔을 만드는 것으로 하루를 시작한다. 원두를 꺼내 향을 맡고, 그라인딩을 하면서 올라오는 두 번째 향기를 맡는다. 뜨거운 물을 한 방울 한 방울 드립할 때 물과 어우러지면서 나오는 세 번째 커피 향을 즐기고, 드립을 마치면 따뜻한 커피를 한 모금 입에 머금으며 행복을 삼킨다. 이것이 아침에 즐기는 나의 행복이다.

또한 사람들을 만나면서도 행복을 찾는다. 어려움 가운데 힘들어하는 사람이 용기를 갖고 소망이 가득한 얼굴로 내 앞에서 일어설 때 감사가 넘쳐나고, 나의 마음과 얼굴은 행복으로 물든다. 사람의 마음에 위로를 주고 용기를 북돋는 일은 내 영혼에 생기를 가득 불어넣는다. 나의 도움을 받은 사람보다 내가 더 행복해지는 것이다.

또한 나의 승용차 안에는 항상 카메라가 있다. 길을 가다가 내 눈을 사로잡는 사람이나 풍경, 그 어떤 것이 있어도 차를 세우고 셔터를 누른다. 작품사진을 찍는 것이 아니라 내가 소중하게 여기는 그 순간을 흘려보내지 않고 사진 속에 담아 두는 것이다. 일종의 행복 저장이다. 잊힐 수 있는 한순간의 느낌이 사진 속에 담겨서, 언제든지 사진을 볼 때면 시간의 흐름을 뛰어넘어 행복한 순간 앞에 머무를 수 있기 때문이다. 이러한 일상 가운데 내가 맛보는 또 하나의 즐거움은 책을 보거나 글을 쓰면서 내 생각을 채우는 일들이다. 생각은 항상 새롭게 채워지는 일이기에 그때마다 행복감에 사로잡힌다.

남자들이여, 남자의 삶에는 휘파람을 불 수 있는 습관이 필요하다. 가령 작은 도전을 통해 즐거움과 감사를 얻을 수 있고, 수고하는 나를 배려하며 나를 향해 베푼 위로가 행복 에너지가 될 수도 있다(전 5:19). 또한 누군가에게 나의 삶을 나눔으로써 그의 삶에 희망의 싹이 나는 것을 보며 흐뭇한 미소를 지을 수도 있다. 작지만 기분을 상쾌하게 만드는 내 인생의 휘파람 소리는 오늘도 메아리가 되어 잔잔하고도 즐거운 울림으로 나에게 되돌아온다.

　아침에 눈을 뜨며 내게 주어진 하루를 감사하고(시 92:1) 소망의 기쁨을 가지며(사 33:2) 하루를 시작하는 것이 인생을 즐겁게 사는 비결이다. 열심히 일하고 섬기기 위해 자신을 격려하고 충전하는 것은 성실한 일꾼이 즐거워할 수 있는 하나님의 선물이다.

 남자들만의 싱크 토크

1. 나도 모르게 나를 휘파람 불게 만드는 신바람 나는 일들은 무엇일까? 내 인생에서 휘파람을 불던 때는 언제였는가?

2. 매일을 즐겁게 생활하기 위해 지금 내가 기도하며 해결해야 할 일은 무엇인가?

Prayer 남자의 기도

하나님 아버지, 나의 꿈을 받아 수고하며 즐거워할 수 있는 것은 하나님의 선물임을 깨닫습니다. 그런데도 감사하지 않고 즐거움을 모르며 살았습니다. 제 삶에서 휘파람 소리가 끊이지 않기를 원합니다. 주님이 주시는 소망이 즐거운 울림으로 퍼질 수 있게 하옵소서. 예수 그리스도의 이름으로 기도드립니다. 아멘.

20. 노후를 준비하는 지혜

내 인생의 MRI

"내 아들아 내 말에 주의하며 내가 말하는 것에 네 귀를 기울이라 그것을 네 눈에서 떠나게 하지 말며 네 마음 속에 지키라 그것은 얻는 자에게 생명이 되며 그의 온 육체의 건강이 됨이니라 모든 지킬 만한 것 중에 더욱 네 마음을 지키라 생명의 근원이 이에서 남이니라 구부러진 말을 네 입에서 버리며 비뚤어진 말을 네 입술에서 멀리 하라 네 눈은 바로 보며 네 눈꺼풀은 네 앞을 곧게 살펴 네 발이 행할 길을 평탄하게 하며 네 모든 길을 든든히 하라 좌로나 우로나 치우치지 말고 네 발을 악에서 떠나게 하라"(잠 4:20-27).

어려움을 극복하는 사람은 일시적인 난관 너머를 볼 줄 아는 내면의 눈을 갖고 있다. 조각가는 대리석 덩어리에서도 예술작품의 가능성을 발견할 수 있는 영감이 있으며, 보석 감정사는 원석 덩어리 속에 숨어 있는 다이아몬드를 발견하는 눈을 지니고 있다. 빠듯한 수입으로 가계를 꾸려나가는 어머니는 소박한 재료만으로 맛있는 밥상을 차려 내는 재주가 있다. 이렇게 내면의 눈을 가진 사람들은 근시안적인 사람이 발견할 수 없는 다양한 가능성들을 꿰뚫는다. 어쩌면 우리에게 주어진 인생의 원재료는 그 형상과 성상이 우리의 기대에 미치지 못할 수도 있다. 하지만 내면의 눈을 가지고 그 가능성을 주입하기 나름이다.

거친 원석이었던 다이아몬드가 아름다워지는 것은 무수한 연마 과정을 거친 덕분이다. 마찬가지로 실직과 병, 부진한 사업, 사람 관계에서 받은 상처, 차 사고나 재정적 어려움 같은 일련의 과정들은 우리를 더욱 강하고 지혜롭게 만든다. 토기장이의 손에 붙들린 진흙처럼(사 64:8) 우리 인생은 빚어지고 또 빚어진다. 그 과정 속에서 여러 아픔을 겪으며 더욱 성숙해진 사람들은 어려움이나 실망과 난관이 축복과 교훈의 또 다른 이름임을 깨닫게 된다. 지금 겪고 있는 고통을 거부하고 불평하면서 이 시기를 지난다면, 스스로를 더욱 무력하고 무능한 희생자로 전락시키고 말 것이다.

모든 일에는 밝음과 어둠이 동시에 존재하며, 둘 중 어떤 것을 선택하느냐에 따라 삶의 모습이 완전히 달라진다(호 11:8). 결코 내일의 태양이 뜨지 않을 것 같은 절망의 나날을 보내고 있다면 이제 빛을 향해 몸을 돌려야 한다. 어둠 속에서 나갈 출구가 보이지 않는다면 스위치를 찾아야 한다. 그것은 신념과 희망의 스위치다. 삶의 도전을 당당히 받아들일 때 신념과 희망이 생기고, 그 밝음 속에서 문제의 해결법을 찾을 수 있다. 문제의 해결은 나를 살피는 일에서 시작되며, 나의 내면을 제대로 진단하면 흔들림 없는 인생의 방향을 찾게 된다.

휴일은 분주한 일상에서 벗어나 가족들과 함께 지내면서 자신의 내면을 살펴볼 수 있는 좋은 기회다. 매일 매일을 엑스레이 촬영처럼 자신을 진단하고 살아왔다면, 휴일에는 MRI(자기공명영상) 촬영처럼 자신의 내면을 살펴보자. 지금 나는 나의 미래를 얼마나 멀리 바라보고 있는가? 나 자신의 모습에서 무엇을 보는가? 나에게 영향을 주거나 제재를 가하는 일들을 어떻게 바라보고 있는가? 상처가 남긴 선물이 보이는가? 나의 숨겨진 재능과 힘이 보이는가? 과거를 돌아보면 과거가 남긴 교훈과 지혜를 만나게 된다. 앞을 바라보는 것은 곧 미래를 준비하는 것이다. 자신을 이해하고 실천할 수 있는 능력이 바로 성공의 열쇠다. 꿈을 이루고 싶고 성공한 인생을 맞이하고 싶다면 먼저 자신의 내적 시선을 점검해 보아야 한다.

중년의 건강진단은 인생진단부터 시작되어야 할 것이다. 인생진단이 끝났다면 관계진단이 필요하다. 아무리 좋은 이상을 가지고 있어도 관계가 파괴된 사람은 행복을 경험할 수 없다. 무너진 가슴에 세워질 이상은 없는 것이다(잠 4:23). 마찬가지로 무너진 관계에 피어날 인생의 꽃도 없다. 내가 용서할 수 없는 사람들을 용서하고 이해하며 수용할 수 있는 길을 찾는 것은 인생의 동맥경화를 막는 것이다(잠 4:24). 마음과 마음이 얽혀 있는 것은 답답한 혈관과 같다. 심장박동은 불규칙해지고 혈압은 높아져 결국은 쓰러진다. 사람과 사람 사이에서 웃을 수 있는 자는 자신의 인생을 행복의 자리에 올려놓은 자다.

남자들이여, 행복한 인생을 위해 내면의 MRI 진단을 받으라(잠 4:25). 지나온 시간 속의 기억들을(Memory) 점검하고, 인생을 의미 있게 만들어 주는 관계(Relationship)를 회복하며, 앞으로 이뤄질 미래를 상상해 (Imagination) 계획을 세우자(잠 4:27). 인생을 든든하게 사는 법은 하나님의 말씀에 귀 기울이며(잠 4:20), 나의 마음을 지키고 삶의 태도를 바로하며, 악에서 떠나 선한 삶으로 매일을 채워가는 것이다.

 ## 남자들만의 싱크 토크

1. 인생의 MRI로 내 내면을 진단해 보자. 나의 지나온 시간들 속에서 내 인생의 희(喜), 노(怒), 애(哀), 락(樂)에 해당하는 일들을 찾아본다면 어떤 일들이 있겠는가?

2. 지금 내가 겪고 있는 많은 어려움들을 잘 극복할 수 있다면 3년 뒤 나의 인생은 어떻게 달라져 있을 것이라고 생각하는가?

Prayer 남자의 기도

하나님 아버지, 거친 원석에서 다이아몬드를 발견하고, 어두움 가운데서 신념과 희망의 스위치를 찾는 자가 되기를 원합니다. 주님이 주신 감사함들을 내면의 눈으로 바라보고 나의 마음과 나의 삶을 지키게 하옵소서. 주님 말씀에 비추어 내 인생을 수시로 진단하게 하옵소서. 예수 그리스도의 이름으로 기도드립니다. 아멘.

20. 노후를 준비하는 지혜

죽음에 대한 묵상

"모세가 모압 평지에서 느보 산에 올라가 여리고 맞은편 비스가 산꼭대기에 이르매 여호와께서 길르앗 온 땅을 단까지 보이시고"(신 34:1).

영화를 보면 주인공은 잘 죽지 않는다. 죽을 것 같은 상황에서도 불사조처럼 살아난다. 모세는 영화 속 주인공 같았다. 광야생활을 하면서 그는 하나님과 이스라엘 사이에 매우 상징적이고 중요한 존재였다. 그러나 신명기 34장은 모세의 죽음을 이야기한다.

비스가 산 정상은 해발 1,370m였다. 120세가 된 사람이 이런 높은 산을 오르는 일은 쉽지 않을 것이다. 성경은 "그의 눈이 흐리지 아니하였고 기력이 쇠하지 아니하였더라"(신 34:7)라고 모세가 죽을 당시의 상황을 기록하고 있다.

모세의 건강 상태는 나이를 생각할 수 없을 정도로 좋았다. 해발 1,370m를 올라갈 정도의 건강은 젊은이의 건강과 다를 바가 없다. 그런 모세에게 가나안 땅으로 진군하는 일은 그리 어려운 일이 아니었다. 모세의 죽음을 통해서 우리는 모세의 건강이 약해서 죽음을 맞이한 것이 아니라 모세를 통해 이루실 하나님의 일들이 마무리되었고, 모세에게 허락된 날이 거기까지였음을 알 수 있다. 인간의 희망과 하나님의 계획 사이에서 인간인 우리가 헤아릴 수 없는 공식이 존재하는 것이다.

남자들에게 죽음은 무엇일까? 세상을 지배할 듯 살아가지만 만물의 주권자 되신 하나님 앞에서 죽음을 극복할 수 없는 연약한 인간임을 발견하는 순간일 것이다. 또한 세상을 살면서 소유하려 했던 모든 것들이 나의 것이 아님을 확인하는 순간이다. 세상 권력을 가지려 했던 모든 통치자들이 성경말씀대로 죽었다. 사람은 누구나 죽음을 뛰어넘을 수 없다. 죽음은 자신의 계획이나 상황에 상관없이 찾아온다. 나의 의지와 상관없는 하나님의 선택인 것이다. 그래서 모든 사람들은 죽음 앞에서 겸손할 수밖에 없다.

탈무드는 "사람은 주먹을 꼭 쥐고 태어나지만, 죽을 때에는 손을 편 채 죽는다"라고 했다. 우리는 죽을 때 아무것도 가지고 가지 못한다. 모세가 남긴 것은 소유물이 아니라 바로 그의 삶 자체였다. 모세는 비스가 산 위에서 홀로 죽음을 맞이했다.

알렉산더 대왕은 세계를 정복한 대왕답게 참으로 많은 일화를 남긴 사람이다. 특히 그가 죽을 때 남긴 유언은 우리의 가슴을 찡하게 울린다. 알렉산더 대왕은 자신의 임종이 다가옴을 알고 측근들에게 자신의 장례 방법에 대해 다음과 같이 유언했다.

"내가 죽거든 땅에 묻을 때 손을 밖에 내놓아 보이도록 하여라."

이 괴상한 유언에 어리둥절해 있는 신하들에게 알렉산더는 그 이유를 이렇게 설명했다.

"천하를 쥐었던 이 알렉산더도 떠날 때는 빈손으로 간다는 것을 세상 사람들에게 보여 주고자 함이다."

성경은 "우리가 세상에 아무것도 가지고 온 것이 없으매 또한 아무것도 가지고 가지 못하리니 우리가 먹을 것과 입을 것이 있은즉 족한 줄로 알 것이니라"(딤전 6:7-8)고 말하고 있다. 남자들에게 있어서 죽음은 외로운 여행이다. 홀로 비스가 산을 오르며 깊은 고독과 침묵 가운데 있던 모세는 하나님과 교제했을 것이다. 죽음은 누구와 함께 가는 길이 아니라 나 홀로 주님을 만나는 순간이다. 죽음은 가장 외로운 길이지만 가장 본질적인 삶으로 돌아가는 순간이다. 죽음을 통해 하나님을 만나게 되고 천국의 삶이 시작되기 때문이다.

사도 바울은 "우리 주 예수 그리스도의 하나님, 영광의 아버지께서 지혜와 계시의 영을 너희에게 주사 하나님을 알게 하시고 너희 마음의 눈을 밝히사 그의 부르심의 소망이 무엇이며 성도 안에서 그 기업의 영광의 풍성함이 무엇이며 그의 힘의 위력으로 역사하심을 따라 믿는 우리에게 베푸신 능력의 지극히 크심이 어떠한 것을 너희로 알게 하시기를 구하노라"(엡 1:17-19)고 말했다. 죽음의 순간에 발견할 수 있는 진리들이 있다면 사도 바울이 말한 것들일 것이다.

신명기 34장은 모세에 대한 평가로 끝을 맺는다. "그 후에는 이스라엘에 모세와 같은 선지자가 일어나지 못하였나니 모세는 여호와께서 대면하여 아시던 자요 여호와께서 그를 애굽 땅에 보내사 바로와 그의 모든 신하와 그의 온 땅에 모든 이적과 기사와 모든 큰 권능과 위엄을 행하게 하시매 온 이스라엘의 목전에서 그것을 행한 자이더라"(신 34:10-12). 모세의 묘비에 쓰여 있을 만한 내용이다. 묘비의 내용과 같은 이 말씀을 기초로 생각해 볼 때 모세의 삶은 위대했다. 아니, 위대하다 못해 경이롭다. 그러나 성경은 모세를 하나님을 섬겼던 평범한 한 사람의 죽음으로 기록하고 있다.

죽음 앞에서 어느 누구도 특별할 수 없다. 우리가 세상을 떠난 뒤에 향후 우리 묘비에 쓰일 말들은 무엇일까? 나의 가족들이 써주는 묘비의 내용은 무엇일까? 나의 믿음의 동료들이 써주고 싶은 묘비의 내용은 무엇일까? 그리스도인들의 삶에 있어서 행복이란 우리가 일상에 일어나는 일들을 어떻게 생각하며 사느냐에 달려 있다. 죽음은 우리에게 절망과 어두움만을 선물하지 않는다. 죽음은 어떻게 살 것인가를 동시에 말해 준다. 성경은 죽음에 대해 말하지만 죽음을 두려워하고 걱정하며 멈춰 서서 사는 인생이 아니라 하나님의 영광을 위해 최선을 다하고 즐겁게 사는 인생을 말씀한다.

남자들이여, 오늘을 어떻게 살 것인가는 나의 계획이지만 나의 죽음은 하나님의 계획이다. 그렇다면 내게 주어진 삶을 최선을 다해 즐거운 마음으로 감사하며 생활해야 한다. 스스로 우울하여 무너진 자의 인생을 살아간다면 우리는 하나님의 계획을 엿보고 싶어 안달하는 어리석고 불행한 인생이 될 것이다. 하나님께서 내게 주신 하루를 즐겁고 충실히 사는 것으로 충분하다.

 **남자들만의 싱크 토크**

1. 모세의 죽음 앞에서 나 스스로를 생각해 보자. 나의 인생을 결산해 보는 단어 3가지를 찾아본다면 어떤 단어들이 있겠는가? 왜 그 단어들을 선택했는가? 또한 죽음의 순간을 생각하며 내가 가족들과 동료들에게 남길 수 있는 단 한마디의 말이 있다면 어떤 말인가?

2. 내가 죽을 수밖에 없는 상황 속에서도 살아야 할 이유가 있다면 어떤 것인가?

Prayer 남자의 기도

하나님 아버지, 죽음 또한 제 뜻이 아닌 하나님의 뜻대로 이루어지는 것임을 깨닫게 됩니다. 죽음을 걱정하고 두려워하는 인생이 되지 않게 하옵소서. 이 세상을 떠나는 날 모세처럼 하나님과 홀로 만나 교제하는 기쁨을 누릴 수 있게 하옵소서. 예수 그리스도의 이름으로 기도드립니다. 아멘.